ビジネス・キャリア®検定試験 過去問題集 解説付き

BUSINESS CAREER

労務管理 2級 3級

廣石　忠司 ●監修
ビジネス・キャリア®検定試験研究会 ●編著

一般社団法人 雇用問題研究会 ●発行

●はじめに

　ビジネス・キャリア®検定試験（ビジキャリ）は、技能系職種における技能検定（国家検定）と並び、事務系職種に従事する方々が職務を遂行するうえで必要となる、専門知識の習得と実務能力の評価を行うことを目的とした中央職業能力開発協会（JAVADA）が行う公的資格試験です。

　ビジキャリは、厚生労働省が定める事務系職種の職業能力評価基準に準拠しており、人事・人材開発・労務管理、経理・財務管理から、営業・マーケティング、経営戦略、さらには、生産管理、ロジスティクスまで、全8分野の幅広い職種をカバーしていることから、様々な目的に応じた自由度の高いキャリア形成・人材育成が可能であり、多くの方々に活用されております。

　本書は、過去にビジネス・キャリア®検定試験で実際に出題された問題から各試験分野の等級ごとに100問をピックアップし、正解を付して解説を加えたものです。

　ビジキャリ2級・3級の受験者の方々が、学習に際して本書を有効に活用され、合格の一助となれば幸いです。

　最後に、本書の刊行にあたり、ご多忙の中ご協力いただきました関係各位に対し、厚く御礼申し上げます。

平成30年7月

一般社団法人 雇用問題研究会

・もくじ

標準テキスト及び試験範囲と本書に掲載されている試験問題の対応表
 3級……………………………………………………………………………… 6
 2級……………………………………………………………………………… 12
 本書の構成……………………………………………………………………… 18

●3級
過去問題編……………………………………………………………………… 23
解答・解説編……………………………………………………………………101

●2級
過去問題編………………………………………………………………………191
解答・解説編……………………………………………………………………277

●標準テキスト及び試験範囲と本書に掲載されている試験問題の対応表
労務管理3級

標準テキスト（第2版）			
第1章 労使関係の概要	第1節 労務管理の意義と範囲		1 労務管理の意義・理念・目的・役割等
^	^		2 労務管理の範囲（集団的労使関係と個別的労使関係）
^	^		3 最低基準、強行法規としての労働基準法
^	第2節 労働契約・就業規則・労働協約・労使協定の概要		1 雇用契約と労働契約
^	^		2 労働契約の締結
^	^		3 労基法における契約に関する規制
^	^		4 就業規則・労働協約・労使協定の概要
^	^		5 労働契約・就業規則・労働協約・法令間の関係および優先順位
^	^		6 就業規則
^	^		7 労使協定の種類
^	第3節 集団的労使関係の基礎		1 労働組合
^	^		2 労働協約の定義・内容・効力等
^	^		3 団体交渉の目的と当事者等
^	^		4 不当労働行為と労働組合への救済手続
^	^		5 労働争議
^	^		6 労使協議制の目的・形態・運営等
^	^		7 労使コミュニケーション組織の目的・形態・運営等
^	第4節 個別的労使関係と個別労働関係紛争対応の基礎		1 労働契約の変化
^	^		2 労働契約の終了
^	^		3 労基法等における解雇等に関する規制
^	^		4 個別労働関係紛争と対応
第2章 就業管理の概要	第1節 賃金の基礎		1 賃金とは何か
^	^		2 平均賃金
^	^		3 賃金の支払方法
^	^		4 賃金請求権の消滅時効
^	第2節 労働時間・休憩・休日の基礎		1 労働時間
^	^		2 休憩
^	^		3 休日
^	第3節 労働時間の弾力化に係る制度の種類・内容		1 変形労働時間制
^	^		2 フレックスタイム制
^	^		3 事業場外労働みなし労働時間制
^	^		4 裁量労働制
^	第4節 労働時間等の適用除外対象者の種類・内容		1 労働時間等の適用除外
^	^		2 農業および畜産、養蚕、水産の事業の従事者
^	^		3 監督または管理の地位にある者
^	^		4 機密事務取扱者
^	^		5 監視または断続的労働に従事する者
^	^		6 深夜労働割増賃金
^	^		7 高度プロフェッショナル制度
^	第5節 時間外・休日労働、深夜労働の基礎		1 時間外・休日労働
^	^		2 災害等による臨時の必要がある場合の時間外・休日労働
^	^		3 三六協定による時間外・休日労働
^	^		4 三六協定で延長することができる時間の限度と限度基準
^	^		5 割増賃金の算定基礎賃金
^	^		6 時間外・休日労働と割増賃金
^	^		7 深夜労働
^	第6節 休暇の基礎		1 休暇とは何か
^	^		2 年次有給休暇
^	^		3 その他の法定休暇
^	第7節 有期契約労働者の雇用・就業管理		1 有期契約労働者とは
^	^		2 有期契約労働者の契約期間の管理
^	^		3 有期契約労働者の就業管理

8ページに続く

＊標準テキスト及び試験範囲は改訂されている場合があります。最新の情報はこちら
（https://www.koyoerc.or.jp/publication/businesscareer/table.html）をご確認ください。

試験範囲（出題項目）			本書の問題番号
A 労使関係の概要	1 労務管理の意義と範囲	1 労務管理の意義・理念・目的・役割等 2 労務管理の範囲（集団的労使関係と個別的労使関係） 3 最低基準、強行法規としての労働基準法	1〜3
	2 労働契約・就業規則・労働協約・労使協定の概要	1 雇用契約と労働契約 2 労働契約の締結 3 労基法における契約に関する規制 4 就業規則・労働協約・労使協定の概要 5 労働契約・就業規則・労働協約・法令間の関係および優先順位 6 就業規則 7 労使協定の種類	4 5 6 7
	3 集団的労使関係の基礎	1 労働組合 2 労働協約の定義・内容・効力等 3 団体交渉の目的と当事者等 4 不当労働行為と労働組合への救済手続 5 労働争議 6 労使協議制の目的・形態・運営等 7 労使コミュニケーション組織の目的・形態・運営等	8〜10 11 12 13 14 15〜16
	4 個別的労使関係と個別労働関係紛争対応の基礎	1 労働契約の変化 2 労働契約の終了 3 労基法等における解雇等に関する規制 4 個別労働関係紛争と対応	17 18 19〜21
B 就業管理の概要	1 賃金の基礎	1 賃金とは何か 2 平均賃金 3 賃金の支払方法 4 賃金請求権の消滅時効	
	2 労働時間・休憩・休日の基礎	1 労働時間 2 休憩 3 休日	22〜24 25〜27 28〜30
	3 労働時間の弾力化に係る制度の種類・内容	1 変形労働時間制 2 フレックスタイム制 3 事業場外労働みなし労働時間制 4 裁量労働制	31〜33 34〜36 37〜39 40〜41
	4 労働時間等の適用除外対象者の種類・内容	1 労働時間等の適用除外 2 農業および畜産・養蚕、水産の事業の従事者 3 監督または管理の地位にある者 4 機密事務取扱者 5 監視または断続的労働に従事する者 6 深夜労働割増賃金 7 高度プロフェッショナル制度	 42 43〜44
	5 時間外・休日労働、深夜労働の基礎	1 時間外・休日労働 2 災害等による臨時の必要がある場合の時間外・休日労働 3 三六協定による時間外・休日労働 4 三六協定で延長することができる時間の限度と限度基準 5 割増賃金の算定基礎賃金 6 時間外・休日労働と割増賃金 7 深夜労働	45 46 47〜48 49〜50 51〜53 54〜55
	6 休暇の基礎	1 休暇とは何か 2 年次有給休暇 3 その他の法定休暇	56 57〜59 60〜62
	7 有期契約労働者の雇用・就業管理	1 有期契約労働者とは 2 有期契約労働者の契約期間の管理 3 有期契約労働者の就業管理	63〜64

9ページに続く

標準テキスト（第2版）		
第2章 就業管理の概要	第8節 パートタイム労働者の雇用・就業管理	1 パートタイム労働者とは何か 2 パートタイム労働者の雇用管理の改善 3 パートタイム労働者の就業管理
	第9節 派遣労働者の雇用・就業管理	1 労働者派遣とは何か 2 派遣期間の制限 3 違法派遣に対する労働契約申込みみなし制度 4 派遣労働者の就業管理 5 派遣労働者を受け入れる際の留意点 6 働き方改革による派遣労働者の処遇
	第10節 男女雇用機会均等法	1 男女雇用機会均等法の目的と基本理念 2 性別を理由とする差別の禁止 3 婚姻・妊娠・出産等を理由とする不利益取扱いの禁止等 4 職場におけるセクシュアルハラスメント対策 5 深夜業に従事する女性労働者への配慮義務
	第11節 妊産婦等の就業管理	1 妊産婦とは 2 妊産婦等の時間外労働等の制限 3 妊産婦等の休暇・休業 4 妊産婦の就業制限 5 妊産婦に対する解雇制限等
	第12節 育児・介護にかかわる者の就業管理	1 育児休業制度の概要 2 3歳未満の子を休業しないで養育する労働者に対する措置 3 介護休業制度の概要 4 未就学児を養育する労働者または家族の介護をする労働者への対応 5 不利益取扱いの禁止等 6 職場における妊娠・出産、育児休業等に関するハラスメント対策
	第13節 年少者の就業管理	1 年少者・児童の使用 2 年少者の変形労働時間、時間外・休日労働等の適用除外 3 児童についての法定労働時間の適用 4 未成年者との労働契約の締結・賃金請求権 5 年少者の就業制限
	第14節 高年齢者の雇用・就業管理	1 高年齢者雇用の現状と法制度 2 定年と高年齢者雇用確保措置 3 70歳までの就業確保措置 4 その他法令で定められた措置・届出など
	第15節 障害者の雇用・就業管理	1 障害者の雇用・就業管理（実務担当者として知っておくべきこと） 2 障害者雇用促進法の目的など 3 雇用義務制度 4 障害者雇用に関する届出 5 法定雇用率未達成企業への指導 6 障害者雇用納付金制度 7 障害者雇用促進者および障害者職業生活相談員の選任
	第16節 外国人労働者の雇用・就業管理	1 外国人労働者の現状 2 外国人労働者と労働関係法令・社会保険 3 入国管理法制と在留資格 4 実務担当者として注意すべきこと

10ページに続く

労務管理 3級

試験範囲（出題項目）				本書の問題番号
B 就業管理の概要	8 パートタイム労働者の雇用・就業管理	1 パートタイム労働者とは何か 2 パートタイム労働者の雇用管理の改善 3 パートタイム労働者の就業管理		65～66
	9 派遣労働者の雇用・就業管理	1 労働者派遣とは何か 2 派遣期間の制限 3 違法派遣に対する労働契約申込みみなし制度 4 派遣労働者の就業管理 5 派遣労働者を受け入れる際の留意点 6 働き方改革による派遣労働者の処遇		67～68 69
	10 男女雇用機会均等法	1 男女雇用機会均等法の目的と基本理念 2 性別を理由とする差別の禁止 3 婚姻・妊娠・出産等を理由とする不利益取扱いの禁止等 4 職場におけるセクシュアルハラスメント対策 5 深夜業に従事する女性労働者への配慮義務		70
	11 妊産婦等の就業管理	1 妊産婦とは 2 妊産婦の時間外労働等の制限 3 妊産婦等の休暇・休業 4 妊産婦の就業制限 5 妊産婦に対する解雇制限等		71
	12 育児・介護にかかわる者の就業管理	1 育児休業制度の概要 2 ３歳未満の子を休業しないで養育する労働者に対する措置 3 介護休業制度の概要 4 未就学児を養育する労働者または家族の介護をする労働者への対応 5 不利益取扱いの禁止等 6 職場における妊娠・出産、育児休業等に関するハラスメント対策		72
	13 年少者の就業管理	1 年少者・児童の使用 2 年少者の変形労働時間、時間外・休日労働等の適用除外 3 児童についての法定労働時間の適用 4 未成年者との労働契約の締結・賃金請求権 5 年少者の就業制限		
	14 高年齢者の雇用・就業管理	1 高年齢者雇用の現状と法制度 2 定年と高年齢者雇用確保措置 3 70歳までの就業確保措置 4 その他法令で定められた措置・届出など		73～74
	15 障害者の雇用・就業管理	1 障害者の雇用・就業管理（実務担当者として知っておくべきこと） 2 障害者雇用促進法の目的など 3 雇用義務制度 4 障害者雇用に関する届出 5 法定雇用率未達成企業への指導 6 障害者雇用納付金制度 7 障害者雇用促進者および障害者職業生活相談員の選任		75 76～77
	16 外国人労働者の雇用・就業管理	1 外国人労働者の現状 2 外国人労働者と労働関係法令・社会保険 3 入国管理法制と在留資格 4 実務担当者として注意すべきこと		 78 79

11ページに続く

9

標準テキスト（第2版）			
第3章 安全衛生・福利厚生の概要	第1節　労働安全衛生管理の基礎	1	災害と労働災害について
		2	労働安全衛生法の概要
		3	安全衛生管理体制
		4	事業者・元方事業者・特定元方事業者の措置義務
		5	安全衛生教育
		6	労働災害の防止
		7	労働安全衛生マネジメントシステム（OSHMS）
	第2節　健康管理・メンタルヘルスの基礎	1	労働衛生の3管理
		2	各種健康診断の実施
		3	心身両面にわたる健康保持増進
		4	情報機器作業における労働衛生管理
		5	その他の健康管理
		6	職場におけるメンタルヘルスケア
		7	過重労働による健康障害防止
		8	ストレスチェック
	第3節　福利厚生の基礎	1	わが国の福利厚生制度
		2	法定福利厚生（社会保険制度の概要）
		3	労働保険の概要
		4	社会保険の概要
		5	法定外福利厚生

＊標準テキストの章立てについては、学習のしやすさ、理解促進を図る観点から、一部、試験範囲の項目が組替・包含されている場合等があります。

労務管理 3級

試験範囲（出題項目）			本書の問題番号
C 安全衛生・福利厚生の概要	1 労働安全衛生管理の基礎	1 災害と労働災害について 2 労働安全衛生法の概要 3 安全衛生管理体制 4 事業者・元方事業者・特定元方事業者の措置義務 5 安全衛生教育 6 労働災害の防止 7 労働安全衛生マネジメントシステム（OSHMS）	80～83 84～85 86～87
	2 健康管理・メンタルヘルスの基礎	1 労働衛生の3管理 2 各種健康診断の実施 3 心身両面にわたる健康保持増進 4 情報機器作業における労働衛生管理 5 その他の健康管理 6 職場におけるメンタルヘルスケア 7 過重労働による健康障害防止 8 ストレスチェック	88～89 90～92 93～95 96
	3 福利厚生の基礎	1 わが国の福利厚生制度 2 法定福利厚生（社会保険制度の概要） 3 労働保険の概要 4 社会保険の概要 5 法定外福利厚生	97～99 100

＊令和3年度において、労務管理3級及び2級の試験範囲については、標準テキストの追補表（令和3年6月22日更新）を反映して改訂が行われました。
　試験範囲については、中央職業能力開発協会ホームページ（https://www.javada.or.jp/jigyou/gino/business/jinji.html）を、標準テキスト及び追補表の関連については、追補表［テキスト発売元の社会保険研究所ホームページ（https://www.shaho.co.jp/publication/addendum/）に掲載］も併せてご確認ください。

●標準テキスト及び試験範囲と本書に掲載されている試験問題の対応表
労務管理2級

標準テキスト（第2版）				
第1章 労使関係	第1節	労働契約・就業規則	1	労働契約の原則
			2	労働者性の判断基準
			3	募集から就業まで
			4	就業規則
	第2節	集団的労使関係	1	労働組合
			2	労働協約
			3	団体交渉
			4	不当労働行為と労働組合への救済手続
			5	労働争議に関する法的事項、使用者の対応、解決等
			6	労使協議制と労使コミュニケーション組織の現状
	第3節	個別的労使関係と個別労働関係紛争の対応	1	労働契約の変更
			2	労働契約の終了
			3	個別的労使関係の課題
			4	個別労働関係紛争の対応
第2章 就業管理	第1節	賃金	1	賃金とは何か
			2	平均賃金
			3	賃金支払いの5原則
			4	賃金の非常時払い
			5	休業手当
			6	出来高払制の保障給
	第2節	労働時間・休憩・休日	1	労働時間
			2	休憩時間の実際
			3	休日
	第3節	労働時間の弾力化	1	変形労働時間制
			2	フレックスタイム制
			3	事業場外労働みなし労働時間制
			4	裁量労働制
	第4節	労働時間等の適用除外対象者	1	多店舗展開する小売・飲食業における管理監督者の範囲についての解釈例規
			2	監視または断続的労働に従事する者
			3	宿直・日直
			4	高度プロフェッショナル制度
	第5節	時間外・休日労働、深夜労働	1	三六協定による時間外・休日労働
			2	延長することができる時間の限度
			3	割増賃金の計算から除外できる賃金
			4	時間外・休日労働と割増賃金
			5	変形労働時間制と時間外労働・深夜労働
	第6節	休暇	1	休暇の種類
			2	年次有給休暇
			3	その他の法定休暇
			4	法定外休暇（任意休暇）
	第7節	有期契約労働者の雇用・就業管理	1	無期労働契約への転換
			2	特定有期雇用労働者に係る無期転換権の特例
			3	働き方改革による有期雇用労働者の処遇の原則
	第8節	パートタイム労働者の雇用・就業管理	1	パートタイム労働者の定義
			2	パートタイム労働者の雇用管理

14ページに続く

*標準テキスト及び試験範囲は改訂されている場合があります。最新の情報はこちら
（https://www.koyoerc.or.jp/publication/businesscareer/table.html）をご確認ください。

試験範囲（出題項目）			本書の問題番号
A　労使関係	1　労働契約・就業規則	1　労働契約の原則	1～2
^	^	2　労働者性の判断基準	^
^	^	3　募集から就業まで	3
^	^	4　就業規則	4～7
^	2　集団的労使関係	1　労働組合	8～10
^	^	2　労働協約	11～12
^	^	3　団体交渉	13～14
^	^	4　不当労働行為と労働組合への救済手続	15
^	^	5　労働争議に関する法的事項、使用者の対応、解決等	16～17
^	^	6　労使協議制と労使コミュニケーション組織の現状	18～21
^	3　個別的労使関係と個別労働関係紛争の対応	1　労働契約の変更	22
^	^	2　労働契約の終了	23～24
^	^	3　個別的労使関係の課題	^
^	^	4　個別労働関係紛争の対応	25～26
B　就業管理	1　賃金	1　賃金とは何か	27
^	^	2　平均賃金	^
^	^	3　賃金支払いの5原則	^
^	^	4　賃金の非常時払い	^
^	^	5　休業手当	^
^	^	6　出来高払制の保障給	^
^	2　労働時間・休憩・休日	1　労働時間	28～31
^	^	2　休憩時間の実際	32
^	^	3　休日	33～34
^	3　労働時間の弾力化	1　変形労働時間制	35～38
^	^	2　フレックスタイム制	^
^	^	3　事業場外労働みなし労働時間制	39
^	^	4　裁量労働制	40
^	4　労働時間等の適用除外対象者	1　多店舗展開する小売・飲食業における管理監督者の範囲についての解釈例規	41～42
^	^	2　監視または断続的労働に従事する者	^
^	^	3　宿直・日直	^
^	^	4　高度プロフェッショナル制度	^
^	5　時間外・休日労働、深夜労働	1　三六協定による時間外・休日労働	43～44
^	^	2　延長することができる時間の限度	^
^	^	3　割増賃金の計算から除外できる賃金	45～46
^	^	4　時間外・休日労働と割増賃金	47～49
^	^	5　変形労働時間制と時間外労働・深夜労働	50
^	6　休暇	1　休暇の種類	^
^	^	2　年次有給休暇	51～53
^	^	3　その他の法定休暇	54～56
^	^	4　法定外休暇（任意休暇）	57～59
^	7　有期契約労働者の雇用・就業管理	1　無期労働契約への転換	60
^	^	2　特定有期雇用労働者に係る無期転換権の特例	^
^	^	3　働き方改革による有期雇用労働者の処遇の原則	^
^	8　パートタイム労働者の雇用・就業管理	1　パートタイム労働者の定義	^
^	^	2　パートタイム労働者の雇用管理	^

15ページに続く

標準テキスト（第2版）

第2章 就業管理	第9節　派遣労働者の雇用・就業管理	1	派遣業務・派遣可能期間の制限
		2	違法派遣に対する労働契約申込みみなし制度
		3	派遣労働者の雇用の安定と直接雇用の推進
		4	派遣労働者のキャリアアップ支援に必要な情報の提供
		5	配慮義務
		6	適正な派遣就業の確保のために派遣先が講ずべき措置等
		7	派遣労働者の就業管理等
		8	派遣労働者を受け入れる際の留意点
		9	働き方改革による派遣労働者の処遇
	第10節　男女雇用機会均等法	1	コース等別雇用管理を行うにあたって留意すべき事項
		2	ポジティブ・アクション
		3	妊娠・出産等を理由とする不利益取扱いの禁止等
		4	職場における妊娠・出産等に関するハラスメント
		5	職場におけるセクシュアルハラスメント
	第11節　妊産婦等の就業管理	1	妊産婦の休暇・休業
		2	妊産婦である管理監督者の適用除外と就業制限
	第12節　育児・介護にかかわる者の就業管理	1	育児休業制度
		2	育児・介護に係る労働者の制度設計とその周知
		3	育児・介護休業中の賃金、社会保険等の取扱い
		4	育児・介護休業を取得した者等の雇用管理上の配慮
		5	職業家庭両立推進者
	第13節　年少者の就業管理	1	年少者への変形労働時間制の適用
		2	年少者の休日の取扱い
		3	年少者の深夜業等の取扱い
	第14節　高年齢者の雇用・就業管理	1	特殊関係事業主による雇用
		2	高年齢者の雇用・就業管理にあたって
		3	賃金と老齢厚生年金との調整
		4	60歳以上の高年齢者の雇用保険給付と老齢厚生年金との調整
		5	高年齢者就業確保措置における創業支援等措置
	第15節　障害者の雇用・就業管理	1	実雇用率算定の特例
		2	障害者の雇用・就業管理
		3	障害者差別禁止、合理的配慮、虐待防止など
	第16節　外国人労働者の雇用・就業管理	1	外国人労働者の雇用・就業管理
		2	新たな外国人材受入れのための在留資格（特定技能外国人）
		3	その他の義務や制度など
第3章 労働安全衛生・福利厚生	第1節　安全衛生管理	1	技術の進歩・環境の変化と安全衛生の課題
		2	労働災害の防止に関する事業者の義務と責任
		3	元方事業者の安全衛生管理
		4	派遣労働者の安全衛生の確保
		5	労働安全衛生教育時の留意事項
		6	労働災害の防止の実際
	第2節　健康管理・メンタルヘルス	1	職場環境の管理と改善
		2	職場における腰痛の予防
		3	メンタルヘルスの推進
		4	過重労働による健康障害防止
		5	ストレスチェックの集団分析の実施
		6	副業・兼業を行う者の健康管理
	第3節　福利厚生	1	法定外福利厚生
		2	法定外福利厚生の位置づけと設計の留意点
		3	福利厚生制度の種類別実施状況
		4	財産形成施策
		5	中小企業の福利厚生

16ページに続く

労務管理 2級

試験範囲（出題項目）			本書の問題番号
B 就業管理	9 派遣労働者の雇用・就業管理	1 派遣業務・派遣可能期間の制限 2 違法派遣に対する労働契約申込みみなし制度 3 派遣労働者の雇用の安定と直接雇用の推進 4 派遣労働者のキャリアアップ支援に必要な情報の提供 5 配慮義務 6 適正な派遣就業の確保のために派遣先が講ずべき措置等 7 派遣労働者の就業管理等 8 派遣労働者を受け入れる際の留意点 9 働き方改革による派遣労働者の処遇	61～62
	10 男女雇用機会均等法	1 コース等別雇用管理を行うにあたって留意すべき事項 2 ポジティブ・アクション 3 妊娠・出産等を理由とする不利益取扱いの禁止等 4 職場における妊娠・出産等に関するハラスメント 5 職場におけるセクシュアルハラスメント	
	11 妊産婦等の就業管理	1 妊産婦の休暇・休業 2 妊産婦である管理監督者の適用除外と就業制限	63～66
	12 育児・介護にかかわる者の就業管理	1 育児休業制度 2 育児休業に係る労働者の制度設計とその周知 3 育児・介護休業中の賃金、社会保険等の取扱い 4 育児・介護休業を取得した者等の雇用管理上の配慮 5 職業家庭両立推進者	67 68～69
	13 年少者の就業管理	1 年少者への変形労働時間制の適用 2 年少者の休日の取扱い 3 年少者の深夜業等の取扱い	
	14 高年齢者の雇用・就業管理	1 特殊関係事業主による雇用 2 高年齢者の雇用・就業管理にあたって 3 賃金と老齢厚生年金との調整 4 60歳以上の高年齢者の雇用保険給付と老齢厚生年金との調整 5 高年齢者就業確保措置における創業支援等措置	70～72
	15 障害者の雇用・就業管理	1 実雇用率算定の特例 2 障害者の雇用・就業管理 3 障害者差別禁止、合理的配慮、虐待防止など	73～75 76～77
	16 外国人労働者の雇用・就業管理	1 外国人労働者の雇用・就業管理 2 新たな外国人材受入れのための在留資格（特定技能外国人） 3 その他の義務や制度など	78～79
C 労働安全衛生・福利厚生	1 安全衛生管理	1 技術の進歩・環境の変化と安全衛生の課題 2 労働災害の防止に関する事業者の義務と責任 3 元方事業者の安全衛生管理 4 派遣労働者の安全衛生の確保 5 労働安全衛生教育時の留意事項 6 労働災害の防止の実際	80 81～85 86 87～89
	2 健康管理・メンタルヘルス	1 職場環境の管理と改善 2 職場における腰痛の予防 3 メンタルヘルスの推進 4 過重労働による健康障害防止 5 ストレスチェックの集団分析の実施 6 副業・兼業を行う者の健康管理	90～92 93～94 95 96
	3 福利厚生	1 法定外福利厚生 2 法定外福利厚生の位置づけと設計の留意点 3 福利厚生制度の種類別実施状況 4 財産形成施策 5 中小企業の福利厚生	97～99 100

17ページに続く

15

標準テキスト(第2版)

章	節	項目
第4章 労務管理に関係する その他の重要な法律	第1節 最低賃金法	1 最低賃金法の概要 2 最低賃金の決定 3 使用者の義務 4 最低賃金の減額特例
	第2節 労働契約承継法	1 労働契約承継法の概要 2 労働者への通知と異議申出 3 労働組合への通知と労働協約の締結のみなし効・承継効
	第3節 次世代育成支援対策推進法	1 次世代育成支援対策推進法の概要 2 一般事業主行動計画の策定 3 基準に適合する認定
	第4節 女性活躍推進法	1 制定の背景 2 女性活躍推進法の概要 3 一般事業主行動計画の策定
	第5節 個人情報保護法	1 個人情報保護法の概要 2 個人情報等 3 個人情報取扱事業者の義務 4 個人情報保護法と労務管理 5 マイナンバー法と労務管理
	第6節 公益通報者保護法	1 公益通報者保護法の概要 2 公益通報とは 3 解雇の無効 4 不利益取扱いの禁止等 5 企業の対応
終章		1 国際化への対応 2 女性の活躍 3 高齢者 4 雇用形態の多様化 5 リテンション(従業員の引き止め) 6 将来の人事労務管理

＊標準テキストの章立てについては、学習のしやすさ、理解促進を図る観点から、一部、試験範囲の項目が組替・包含されている場合等があります。

労務管理 2級

試験範囲（出題項目）			本書の問題番号
D 労務管理に関係するその他の重要な法律	1 最低賃金法	1 最低賃金法の概要 2 最低賃金の決定 3 使用者の義務 4 最低賃金の減額特例	
	2 労働契約承継法	1 労働契約承継法の概要 2 労働者への通知と異議申出 3 労働組合への通知と労働協約の締結のみなし効・承継効	
	3 次世代育成支援対策推進法	1 次世代育成支援対策推進法の概要 2 一般事業主行動計画の策定 3 基準に適合する認定	
	4 女性活躍推進法	1 制定の背景 2 女性活躍推進法の概要 3 一般事業主行動計画の策定	
	5 個人情報保護法	1 個人情報保護法の概要 2 個人情報等 3 個人情報取扱事業者の義務 4 個人情報保護法と労務管理 5 マイナンバー法と労務管理	
	6 公益通報者保護法	1 公益通報者保護法の概要 2 公益通報とは 3 解雇の無効 4 不利益取扱いの禁止等 5 企業の対応	
E その他	1 労務管理の現状と今後の問題点	1 国際化への対応 2 女性の活躍 3 高齢者 4 雇用形態の多様化 5 リテンション（従業員の引き止め） 6 将来の人事労務管理	

＊令和3年度において、労務管理3級及び2級の試験範囲については、標準テキストの追補表（令和3年6月22日更新）を反映して改訂が行われました。
　試験範囲については、中央職業能力開発協会ホームページ（https://www.javada.or.jp/jigyou/gino/business/jinji.html）を、標準テキスト及び追補表の関連については、追補表［テキスト発売元の社会保険研究所ホームページ（https://www.shaho.co.jp/publication/addendum/）に掲載］も併せてご確認ください。

●本書の構成

本書は、「過去問題編」と「解答・解説編」の2部構成となっています。
ビジネス・キャリア®検定試験において過去に出題された問題から100問をピックアップ。問題を「過去問題編」に、各問についての解答及び出題のポイントと解説を「解答・解説編」に収録しています。
発刊されている「ビジネス・キャリア®検定試験 標準テキスト」(中央職業能力開発協会 編)を併用しながら学習できるように、問題の内容に対応する標準テキストの該当箇所も示しています。
各ページの紙面構成は次のようになっています。

過去問題編

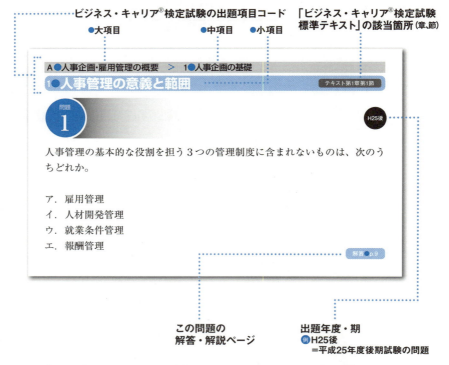

＊検定試験の出題項目コード及び標準テキストの該当箇所については、該当するものが必ずしも単一であるとは限らないため、最も内容が近いと思われるコード、章・節を参考として示しています。

解答・解説編

- 正解の選択肢
- 出題のポイント（この問題でどのような内容が問われているか）

A●人事企画・雇用管理の概要　＞　1●人事企画の基礎

1●人事管理の意義と範囲
テキスト第1章第1節

問題1 解答
H25後

正　解　イ

ポイント　人事管理を構成する諸制度の基本的な理解度を問う。

解　説
ア．含まれる。職場や仕事に人材を供給するための管理機能を担う。①採用管理、②配置・異動管理、③人材開発管理、④雇用調整・退職管理、のサブシステムからなる。
イ．含まれない。雇用管理を構成するサブシステムの1つである。
ウ．含まれる。働く環境を管理する機能を担う。①労働時間管理、②安全衛生管理、のサブシステムからなる。
エ．含まれる。給付する報酬を管理する機能を担う。①賃金管理、②昇進管理、③福利厚生管理、のサブシステムからなる。
　人事管理の基本的な役割を担う3つの管理制度（雇用管理、就業条件管理、報酬管理）と、基盤システム、サブシステムとの連関は、次の図のとおり。

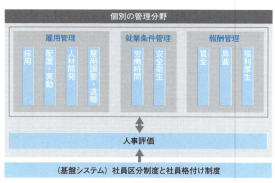

- 設問の各選択肢について正誤根拠を示すとともに、学習するうえで重要な点などについて解説しています。

ビジネス・キャリア®検定試験 過去問題集 解説付き

BUSINESS CAREER

労務管理 3級

問題及び解説文中、次のものは略称で記載されています。

●法律（五十音順）
・育児休業、介護休業等育児又は家族介護を行う労働者の福祉に関する法律　→　育児・介護休業法
・勤労者財産形成促進法　→　財形法
・高年齢者等の雇用の安定等に関する法律　→　高年齢者雇用安定法
・個別労働関係紛争の解決の促進に関する法律　→　個別労働紛争解決促進法
・雇用の分野における男女の均等な機会及び待遇の確保に関する法律　→　男女雇用機会均等法
・出入国管理及び難民認定法　→　入管法
・障害者の雇用の促進等に関する法律　→　障害者雇用促進法
・短時間労働者の雇用管理の改善等に関する法律　→　パート法
・労働安全衛生規則　→　安衛則
・労働安全衛生法　→　安衛法
・労働安全衛生法施行令　→　安衛令
・労働基準法　→　労基法
・労働基準法施行規則　→　労基則
・労働組合法　→　労組法
・労働契約法　→　労契法
・労働者災害補償保険法　→　労災法
・労働者派遣事業の適正な運営の確保及び派遣労働者の保護等に関する法律　→　労働者派遣法

・○○法施行規則　→　○○法規則

●指針
・高年齢者雇用確保措置の実施及び運用（心身の故障のため業務の遂行に堪えない者等の継続雇用制度における取扱いを含む。）に関する指針（平成24年11月9日厚生労働省告示第560号）
　　　　　　　　　　　→　高年齢者雇用確保措置の実施及び運用に関する指針
・派遣元事業主が講ずべき措置に関する指針（最終改正：平成29年5月29日厚生労働省告示第210号）　→　派遣元指針
・派遣先事業主が講ずべき措置に関する指針（最終改正：平成28年10月20日厚生労働省告示第379号）　→　派遣先指針

●裁判例
・○○地裁×年×月×日判決（決定）　→　○○地判（決）平成×年×月×日
・最高裁第三小法廷平成△年△月△日判決（決定）　→　最三小判（決）平成△年△月△日

●判例集
・最高裁判所民事判例集　→　民集
・労働関係民事裁判例集　→　労民集
・労働判例（産労総合研究所発行）　→　労判

●参考文献
・厚生労働省労働基準局編「労働基準法（上）（下）」労務行政　平成22年（2010）
　　　　　　　　　　　　　　　　　　　　→　労基法コメ上、労基法コメ下
・厚生労働省労政担当参事官室編「六訂新版　労働組合法　労働関係調整法」労務行政　2015
　　　　　　　　　　　　　　　　　　　　→　労組法コメ
・菅野和夫「労働法（第11版補正版）」弘文堂　2017　→　菅野

なお、問題文及び解説文において適用されている法律等の名称や規定は、出題時以降に改正され、それに伴い正解や解説の内容も変わる場合があります。

労務管理 3級

ビジネス・キャリア®検定試験
過去問題編

過去問題編

A●労使関係の概要　＞　1●労務管理の意義と範囲

3●最低基準、強行法規としての労働基準法　テキスト第1章第1節

労基法上の労使協定の締結による場合であっても認められないものは、次のうちどれか。

ア．使用者が購買代金、社宅、寮その他福利厚生施設の費用、労務用物資の代金等について賃金から一部控除すること。
イ．労働契約の締結に際して、その労働者の故意又は重大な過失により会社に甚大な損害を与えた場合の損害賠償額を定めること。
ウ．使用者が労働者の委託を受けて、直接労働者の預金を受け入れて自ら管理すること。
エ．使用者が労働者の委託を受けて、労働者の預金を労働者個人ごとの名義で銀行等に預け入れし、その通帳、印鑑を保管すること。

解答●p.102

労基法上、労使協定の締結が必要であるものは、次のうちどれか。

ア．賃金の一部につき、通貨以外のもので支払うこと。
イ．企画業務型裁量労働制を導入すること。
ウ．企業が経営上必要とされる人員削減のために行う解雇（整理解雇）を実施すること。
エ．計画的に付与される年次有給休暇制度を導入すること。

解答●p.102

労働契約、就業規則、労働協約及び労基法の関係に関する記述として正しいものは、次のうちどれか。

ア．就業規則は、適用対象を全従業員とするものであり、組合員を対象とする労働協約より適用範囲が広いことから、労働協約は就業規則に反してはならない。
イ．労働組合との間で割増賃金を支払わないことを合意すれば、その合意は有効である。
ウ．就業規則で定める基準に達しない労働条件を定める労働契約は、その部分について無効になる。この場合において無効となった部分は、就業規則で定める基準による。
エ．労基法に定める基準を上回る労働条件を定める労働契約は、その部分については無効となる。この場合において無効となった部分は、労基法の定める基準による。

A●労使関係の概要　＞　2●労働契約・就業規則・労働協約・労使協定の概要

1●雇用契約と労働契約　　　　　　　　　　　テキスト第1章第2節

労働契約に関する記述として不適切なものは、次のうちどれか。

ア．派遣先事業主は、派遣労働者を自己の指揮命令の下に使用することから労働契約は、この派遣先事業主と派遣労働者との間に成立している。
イ．労契法において労働者及び使用者は労働契約の内容についてできる限り書面により確認するものとされている。
ウ．無償で行うボランティアのように、賃金支払義務の生じない関係は、労働契約ではない。
エ．在籍型出向における出向労働者は、出向元及び出向先の双方との間において、労働契約関係にある。

解答 p.104

A●労使関係の概要　＞　2●労働契約・就業規則・労働協約・労使協定の概要

3●労基法における契約に関する規制

労働契約に関する記述として誤っているものは、次のうちどれか。

ア．使用者は、労働契約に附随して貯蓄の契約をさせ、又は貯蓄金を管理する契約をしてはならないが、労働者の委託を受けて労使協定に基づき社内預金制度を設けることはできる。
イ．使用者は、労働契約の不履行について違約金を定め、又は損害賠償額を予定する契約をしてはならない。
ウ．使用者は、労働者の承諾を得なければ、その権利を第三者に譲り渡すことができないことから、労働者を転籍（移籍出向）させる場合には労働者の個別的同意が必要と解されている。
エ．使用者は、労働者の死亡又は退職の場合において、権利者の請求があったときには、30日以内に賃金を支払わなければならない。

過去問題編

A●労使関係の概要　>　2●労働契約・就業規則・労働協約・労使協定の概要

6●就業規則

テキスト第1章第2節

一定の人数以上の労働者を使用する事業場の使用者は、就業規則を作成し所轄労働基準監督署長に届け出なければならないが、この「一定の人数」に含まれる者は、次のうちどれか。

ア．人材派遣会社から受け入れている派遣労働者
イ．隣接する都道府県に所在する本社（50名以上）の社員
ウ．繁忙期に雇い入れた短期アルバイト
エ．定年退職後、高年齢者雇用確保措置の対象となり再雇用した社員

解答 p.106

A●労使関係の概要　＞　2●労働契約・就業規則・労働協約・労使協定の概要

7●労使協定の種類

所轄労働基準監督署長への届出が不要な労使協定は、次のうちどれか。

ア．労働者の貯蓄金を、その委託を受けて管理しようとする場合
イ．労基法の労働時間又は休日に関する規定にかかわらず、その協定に定めるところによって、労働時間を延長し、又は休日に労働させる場合
ウ．1週間単位の非定型的労働時間制を採用する場合
エ．年次有給休暇を時間単位で与える場合

29

A●労使関係の概要 > 3●集団的労使関係の基礎
1●労働組合

テキスト第1章第3節

問題 8

労働組合に対する法的な保護の内容として不適切なものは、次のうちどれか。

ア．労働組合の結成・加入を理由とする解雇その他の不利益な取扱いは、不当労働行為として禁止されている。
イ．労働組合の活動が正当なものである限り、刑法等によって処罰されることはない。
ウ．労働組合の正当な活動に必要なものである限り、当然に使用者の所有する施設を自由に利用する権利が認められる。
エ．労働組合のストライキが正当なものである限り、使用者は労働組合や組合員に対して損害賠償を請求することができない。

問題 9

労働組合の結成に関する記述として正しいものは、次のうちどれか。

ア．主として政治運動を目的とする団体であっても、副次的に労働条件の維持改善を目的としていれば、労組法上の労働組合に該当する。
イ．労働組合は、労働委員会の許可を必要とすることなく、自由に設立することができる。
ウ．労働組合は、労組法第5条第2項の規定に適合する組合規約の作成・提出があれば、労組法上の救済手続等に参与できる。
エ．会社の中間管理職で組織するいわゆる「管理職組合」は、いかなる場合でも労組法上の労働組合とは認められない。

我が国における労働組合の組織率低下の要因として誤っているものは、次のうちどれか。

ア．非正規雇用労働者が増加していること。
イ．労働組合の組織率がもともと低い中小企業が多くを占めるサービス業等の第三次産業で働く労働者が増えたこと。
ウ．労組法の大幅な改正により、組合の結成・加入手続が複雑化したこと。
エ．若年層を中心に労働組合離れが進むなど、労働者の意識が変化したこと。

A●労使関係の概要　＞　3●集団的労使関係の基礎

2●労働協約の定義・内容・効力等

テキスト第1章第3節

労働協約の規範的効力に関する記述として誤っているものは、次のうちどれか。

ア．労使間の口頭による合意では、労働協約としての効力は発生しない。
イ．公序良俗に違反する労働協約は、無効である。
ウ．既に支払期の到来している賃金や退職金など、労働者の既得の権利を処分するような労働協約の規定は無効である。
エ．労働条件を引き下げる内容の労働協約を締結した場合、不利益変更に反対している組合員の労働条件を労働協約によって変更することはできない。

解答●p.110

A●労使関係の概要　＞　3●集団的労使関係の基礎

3●団体交渉の目的と当事者等

問題12

H27前

団体交渉に際しての使用者の義務に関する記述として不適切なものは、次のうちどれか。

ア．使用者の企業経営に関する問題について労働組合から団体交渉の申入れがあっても、使用者はこれに応諾する義務はない。
イ．使用者には団体交渉応諾義務が課せられているが、これは労働組合の要求をそのまま受諾する義務を意味するものではない。
ウ．使用者は、団体交渉の席に着いただけでは団体交渉応諾義務を果たしたことにはならず、資料の提供や自らの主張の根拠を提示するなど、誠実に交渉しなければならない。
エ．使用者は、解雇された者が解雇後に加入した労働組合が、当該解雇の効力について団体交渉を申し入れてきたときには、団体交渉に応諾する義務が課せられる。

解答●p.111

A ● 労使関係の概要 ＞ 3 ● 集団的労使関係の基礎

4 ● 不当労働行為と労働組合への救済手続

不当労働行為に該当するものは、次のうちどれか。

ア．労働組合に最小限の広さの事務所を提供すること
イ．組合掲示板を貸与すること
ウ．組合員がメーデーに参加した時間の賃金を支払うこと
エ．労働組合の運営費の支払いに経理的な援助を与えること

A●労使関係の概要　＞　3●集団的労使関係の基礎

5●労働争議

団体交渉に関する使用者の義務に関する次の記述のうち、正しいものを選びなさい。

ア．解雇した者が加入した合同労組からの団体交渉の申入れは、既に雇用関係にないので、使用者は、これを拒否することができる。
イ．使用者は、資料の提供、要求に対する回答の根拠の提示などによって、労働組合と誠実に交渉にあたらなくてはならない。
ウ．使用者は、団体交渉の席に着いた場合、労働組合の要求をある程度は受け入れなくてはならない。
エ．使用者は、労働組合との団体交渉を最終的に決裂させてはならない。

A●労使関係の概要 ＞ 3●集団的労使関係の基礎

6●労使協議制の目的・形態・運営等

テキスト第1章第3節

労使協議制に関する記述として正しいものは、次のうちどれか。

ア．無組合企業では、労使協議制を設置することができない。
イ．労使協議の付議事項は、労働協約によって定められていなければならない。
ウ．労使協議制は、労働者の争議権を背景として実施されている。
エ．労使協議制では、労働者の労働条件に大きな影響を及ぼす経営や生産に関する事項が取り上げられ、労使間において情報の共有が行われている。

労使協議制に関する記述として正しいものは、次のうちどれか。

ア．労使協議制は、労組法で設置するか否かは労使の自由であると規定されている。
イ．労使協議制では、団体交渉で議論すべき内容は取り上げることができない。
ウ．労使協議制では、経営戦略に関する事項など労働条件と直接関わりのない事項も取り上げることができる。
エ．労使協議制では、労働組合の相手方である人事労務担当者以外の者の出席を認めてはならない。

A●労使関係の概要 > 4●個別的労使関係と個別労働関係紛争対応の基礎

1●労働契約の変化　　　　　　　　　　　　　　　　テキスト第1章第4節

労働契約の変更に関する記述として誤っているものは、次のうちどれか。

ア．労働者及び使用者は、その合意により、労働契約の内容である労働条件を変更することができる。
イ．労働者及び使用者は、就業規則の基準と異なる労働契約へ変更することはできない。
ウ．労働契約は、労働者及び使用者が対等な立場において変更すべきものとする。
エ．労働契約は、労働者及び使用者が仕事と生活の調和にも配慮しつつ変更すべきものとする。

A●労使関係の概要　＞　4●個別的労使関係と個別労働関係紛争対応の基礎

2●労働契約の終了　　　　　　　　　　　　　　テキスト第1章第4節

労働契約の終了に関する記述として正しいものは、次のうちどれか。

ア．有期労働契約を締結する労働者及び使用者は、その合意により、有期労働契約を契約期間の途中で解約することはできない。

イ．懲戒解雇は、当該懲戒解雇に係る労働者の行為の性質及び態様その他の事情に照らして、客観的に合理的な理由を欠き、社会通念上相当であると認められない場合は、懲戒権の濫用として無効となる。

ウ．使用者は、労働者が業務上負傷し、又は疾病にかかり療養のために休業する期間及びその後30日間は解雇できないが、この期間であっても労働者に懲戒解雇事由がある場合には、所轄労働基準監督署長の認定を受けることにより解雇できる。

エ．採用に際して明示された労働条件が事実と相違する場合においては、労働者は使用者に対し14日以上前に予告しなければ、労働契約を解除することができない。

解答●p.117

労務管理 3級

A●労使関係の概要　＞　4●個別的労使関係と個別労働関係紛争対応の基礎

4●個別労働関係紛争と対応

テキスト第1章第4節

個別労働関係紛争に関する記述として誤っているものは、次のうちどれか。

ア．個別労働関係紛争が生じたときは、当事者間で誠意をもって自主的に解決するよう努力しなければならない。
イ．個別労働関係紛争のあっせん制度の申請人は、労働者が大半を占めている。
ウ．個別労働紛争解決促進法に基づいて各都道府県労働局が行う個別労働関係紛争解決制度は、無料で利用できる。
エ．各都道府県労働局長による助言・指導は、紛争当事者に対し、その紛争の解決について一定の強制力を持っている。

解答 p.118

都道府県労働局紛争調整委員会によるあっせんに関する記述として誤っているものは、次のうちどれか。

ア．あっせんは、非公開で行われる。
イ．あっせんの開始の通知を受けた被申請人は、あっせん手続に参加することを強制されることはない。
ウ．あっせんによる紛争解決の見込みがない場合でも、あっせん委員は手続を打ち切ることはできない。
エ．都道府県労働局長は必要に応じて申請人から事情聴取等を行い、紛争に係る事実関係を明確にしたうえで紛争調整委員会にあっせんを委任するか否かを決定する。

解答 p.118

39

個別労働紛争解決促進法に定める紛争解決システムの内容として不適切なものは、次のうちどれか。

ア．事業主は、労働者が都道府県労働局長に助言・指導の申し出をしたことを理由として、当該労働者に対して、解雇その他不利益な取扱いをしてはならない。
イ．都道府県労働局長が行う助言・指導は、事業主に対し一定の措置の実施を強制するものである。
ウ．総合労働相談コーナーにおいては、専門の相談員が労働問題に関するあらゆる分野の相談に応じている。
エ．「平成27年度個別労働紛争解決制度の施行状況」（厚生労働省）によると、民事上の個別労働紛争の相談件数、助言・指導の申出件数、あっせんの申請件数の全ての内訳で、「いじめ・嫌がらせ」が一番多く、次いで「解雇」となっている。

労務管理

B●就業管理の概要 ＞ 2●労働時間・休憩・休日の基礎

1●労働時間

テキスト第2章第2節

問題 22

労働時間の管理に関する記述として適切なものは、次のうちどれか。

ア．「労働」とは、使用者の指揮監督の下にあることをいい、現実に精神及び肉体を活動させていることを要件とする。
イ．「1日」とは、原則として午前0時から午後12時までの暦日24時間をいう。
ウ．「1週間」とは、特に就業規則等の定めがない場合は、月曜日から日曜日までをいう。
エ．「1カ月単位の変形労働時間制の変形期間」は、毎月支払われる賃金の計算期間と一致していなければならない。

解答●p.120

問題 23

労基法に定める労働時間に関する記述として正しいものは、次のうちどれか。

ア．法定労働時間は、1日、1週間及び4週間について定められている。
イ．継続勤務が2暦日にわたる場合は、1勤務として取り扱い、当該勤務の始業時刻が属する日の労働とする。
ウ．「1週間」とは、就業規則その他に別段の定めがない限り、月曜日から日曜日までをいう。
エ．1カ月単位の変形労働時間制の起算日は、毎月支払われる賃金計算期間の起算日と一致していなければならない。

解答●p.120

1日の所定労働時間が6時間、1週間の所定休日が2日（所定休日は、土曜日・日曜日。うち、日曜日が法定休日として特定されている）のパートタイム労働者に対して、時間外労働又は休日労働をさせる場合に関する記述として不適切なものは、次のうちどれか。

ア．金曜日に所定労働時間に加えて3時間労働させ、実労働時間が9時間となった場合には、超えた時間3時間について、時間外労働割増賃金を支払わなければならない。
イ．土曜日に労働をさせ、日曜日には労働をさせない場合には、休日労働に係る三六協定を締結する必要はない。
ウ．就業規則で規定すれば、日曜日に労働をさせた場合の割増賃金を35％の割増率で計算し、土曜日に労働をさせた場合の割増賃金を25％の割増率で計算することができる。
エ．パートタイム労働者を雇い入れる際に交付する労働条件通知書には、所定労働時間を超えて労働させることの有無について記載しなければならない。

労務管理 3級

B●就業管理の概要　>　2●労働時間・休憩・休日の基礎

2●休憩　　　　　　　　　　　　　　　　　　　テキスト第2章第2節

問題 25　H26後

休憩に関する記述として誤っているものは、次のうちどれか。

ア．繁忙のため労働者に定められた1時間の休憩を取得させることができない場合、その終業時刻を1時間繰り上げれば違法ではない。
イ．1労働日に休憩を15分ずつ4回与えることとしても違法ではない。
ウ．1日の実労働時間が6時間の労働者には、休憩を与えなくても違法ではない。
エ．所定労働時間が8時間の事業場では、休憩時間を45分と定めても違法ではない。

解答●p.122

問題 26　H27前

休憩に関する労務管理上の取扱いとして労基法に違反しているものは、次のうちどれか。

ア．1日の所定労働時間が8時間の事業場で、休憩時間を45分と定めている。
イ．繁忙であったため、所定の休憩時間帯に休憩を与えず、終業時刻を休憩相当時間分繰り上げた。
ウ．1日の所定労働時間が6時間のパートタイム労働者に休憩時間を定めていない。
エ．変形労働時間制により所定労働時間が9時間の日には、45分と15分の休憩をそれぞれ労働時間の途中に与えている。

解答●p.122

43

休憩の取扱いにおいて使用者の対応として労基法に違反するものは、次のうちどれか。

ア．実労働時間が8時間の日においては、45分の休憩を与えた。
イ．始業が午前8時、終業が午後5時の場合、法定の休憩時間60分を正午から昼休みとして50分、午後3時からの10分間とに分けて与えた。
ウ．法定の休憩時間が取れない場合には、その時間分だけ終業時刻を繰り上げた。
エ．実労働時間が6時間の日においては、休憩を与えなかった。

労務管理 3級

B●就業管理の概要　>　2●労働時間・休憩・休日の基礎

3●休日

テキスト第2章第2節

問題 28

労基法に定める休日に関する記述として不適切なものは、次のうちどれか。

ア．休日の振替を行う場合には、就業規則等においてできる限り、休日振替の具体的事由と振り替えるべき日を規定することが望ましい。
イ．「休日」とは、原則として午前0時から午後12時までの暦日をいい、暦日をまたいで与えた継続した24時間の休日は、労基法上の休日とはならない。
ウ．同一の事業場における労働者に対する法定休日は、使用者は原則として一斉に与えなければならない。
エ．休日を振り替えたことにより、当該週の労働時間が1週間の法定労働時間を超えるときは、その超えた時間は時間外労働となる。

解答●p.124

休日の振替に関する記述として正しいものは、次のうちどれか。

ア．労働者に休日労働させ、その後において代わりの休日の指定を行うことを、一般的に休日の振替という。
イ．休日の振替を行った場合、使用者は35％以上の割増賃金を支払わねばならない。
ウ．休日の振替は、同一賃金計算期間内に行わねばならない。
エ．休日の振替を行う場合には、就業規則等において、できる限り休日振替の具体的理由と振り替えるべき日を特定することが望ましい。

解答●p.124

45

労基法に定める休日に関する記述として誤っているものは、次のうちどれか。

ア．使用者は、労働者に対して、毎週少なくとも1回又は4週間を通じ4日以上の休日を与えなければならない。
イ．使用者は、午前0時から午後12時までの暦日で休日を付与しなければならない。
ウ．使用者は、振替休日を実施するにあたっては、就業規則等に「業務上必要とする場合には、休日を振り替えることができる」旨を定めておかなければならない。
エ．使用者は、振替休日を実施する場合には、労働者を本来の休日に労働させた日の事後、遅滞なく振替日を特定しなければならない。

B●就業管理の概要　＞　3●労働時間の弾力化に係る制度の種類・内容

1●変形労働時間制

テキスト第2章第3節

労働時間に関する記述として誤っているものは、次のうちどれか。

ア．労働時間の柔軟化は、人材の有効活用を図り、生産性を高めることにつながる。
イ．変形労働時間制は、業務の繁閑に合わせて所定労働時間を設定できる制度である。
ウ．変形労働時間制を採用している企業割合は、5割を超えている。
エ．変形労働時間制が適用される労働者には休日労働をさせることはできない。

解答　p.126

労基法に定める変形労働時間制に関する記述として誤っているものは、次のうちどれか。

ア．1週間単位の非定型的変形労働時間制は、日頃の業務に著しい繁閑の差が生ずることが多く、かつ、これを予測したうえで就業規則等により、各日の労働時間を特定することが困難な事業であって、常時使用する労働者が30人未満の小売業、旅館、料理店及び飲食店の事業に適用される。
イ．1カ月単位の変形労働時間制を採用する場合には、過半数代表者との書面による協定、又は就業規則その他これに準ずるものに、1カ月以内の一定の期間を平均し、1週間あたりの労働時間が法定労働時間を超えない定めをしなければならない。
ウ．1年単位の変形労働時間制は、1カ月を超え1年以内の一定期間を平均

47

して1週間あたりの所定労働時間が、週の法定労働時間を超えないようにしたうえで、1日あるいは1週の所定労働時間を1日10時間、1週60時間以内で設定しなければならない。

エ．1カ月単位又は1年単位の変形労働時間制、1週間単位の非定型的変形労働時間制を採用する際には、育児を行う者、老人等の介護を行う者、職業訓練又は教育を受ける者その他特別の配慮を要する者については、これらの者が育児等に必要な時間を確保できるような配慮をしなければならない。

1カ月単位の変形労働時間制の要件として、以下に示す①〜⑧の組合せにおいて正しいものは、次のうちどれか。

①労使協定において
②労使協定又は就業規則その他これに準ずるものにおいて
③変形期間を1カ月以内の期間とし
④変形期間を1カ月とし
⑤変形期間を平均し1週間あたりの労働時間が所定労働時間を超えない範囲内において
⑥変形期間を平均し1週間あたりの労働時間が法定労働時間を超えない範囲内において
⑦変形期間における各日、各週の所定労働時間を特定すること
⑧変形期間における各週の所定労働時間を特定すること

ア．①→③→⑤→⑦
イ．②→④→⑤→⑧
ウ．②→③→⑥→⑦
エ．①→④→⑥→⑧

労務管理 3級

B●就業管理の概要　＞　3●労働時間の弾力化に係る制度の種類・内容
2●フレックスタイム制
テキスト第2章第3節

労基法に定めるフレックスタイム制に関する記述として正しいものは、次のうちどれか。

ア．労働者がその選択により労働することができる時間帯（フレキシブルタイム）に制限を設ける場合には、労使協定において、その時間帯の開始及び終了の時刻を定めなければならない。
イ．労働者の自由な時間管理を保障するとしても、最低限コアタイムについては、これを設けなければならない。
ウ．始業及び終業の時刻を、対象となる労働者の決定に委ねることとなるため、使用者は、その労働時間を把握する必要はない。
エ．労働時間の長さと関係なく成果で賃金を決められるよう、一定の年収要件を満たし、高度な職業能力を有する労働者を対象として、割増賃金の支払義務の適用を除外する制度である。

解答　p.128

フレックスタイム制に関する記述として不適切なものは、次のうちどれか。

ア．使用者は、フレックスタイム制の対象労働者の各日の労働時間を把握する必要がない。
イ．フレックスタイム制における清算期間は、最長で1カ月である。
ウ．フレックスタイム制の労使協定は、所轄労働基準監督署長に届け出る義務はない。
エ．フレックスタイム制の対象となる労働者の範囲は、職種ごと、課ごと、

49

グループごと、あるいは事業場全体等と労使協定において定めることができる。

フレックスタイム制に関する記述として不適切なものは、次のうちどれか。

ア．フレックスタイム制を実施するには、労働者の過半数代表者との書面による協定により、対象となる労働者の範囲等を定め、当該労使協定を所轄労働基準監督署長に届け出なければならない。
イ．フレックスタイム制は、労働者が、その生活と業務との調和を図りながら働くことを可能とするものである。
ウ．フレックスタイム制の適用対象者が実際に働いた時間は、1カ月以内で清算され、それが法定労働時間を超える場合には、超えた時間が時間外労働時間となる。
エ．フレックスタイム制を採用する場合には、労使協定において、フレキシブルタイムと、コアタイムを定めることができる。

労務管理 3級

B●就業管理の概要 ＞ 3●労働時間の弾力化に係る制度の種類・内容

3●事業場外労働みなし労働時間制
テキスト第2章第3節

事業場外労働のみなし労働時間に関する記述として不適切なものは、次のうちどれか。

ア．所定労働時間が7時間30分の事業場において、午前中3時間の内勤を行った後、午後から外勤を行い、その労働時間を算定し難い場合、その日の労働時間は、7時間30分である。
イ．労使協定で定める時間が法定労働時間以下である場合には、所轄労働基準監督署長へ届け出る必要はない。
ウ．労働時間の全部について事業場外で業務に従事し、その業務が深夜に及んだ場合は、25％以上の深夜割増賃金を支払う必要がある。
エ．使用者は、事業場外労働のみなし労働時間制の適用対象となる労働者に、個別に同意を得る必要がある。

解答●p.130

みなし労働時間制に関する記述として誤っているものは、次のうちどれか。

ア．数人で事業場外労働に従事する場合で、その中に営業部長など労働時間の管理をする者がいるときには、みなし労働時間制は適用されない。
イ．単独で労働時間の全部又は一部について事業場外労働に従事している営業社員については、帰社後の当該業務に付随した通常必要とされる事業場内における業務も含めて、みなし労働時間制が適用される。
ウ．無線等によって随時使用者の指示を受けながら事業場外で労働している場合、みなし労働時間制は適用されない。

エ．外勤の営業社員に携帯電話を持たせている場合であっても、通常は会社に報告や連絡を義務づけてはおらず、当該営業社員の判断で取引先との連絡に使用させているときには、みなし労働時間制が適用される。

事業場外労働のみなし労働時間制に関する記述として適切なものは、次のうちどれか。

ア．事業場外労働のみなし労働時間制を採用する場合には、労使協定を締結しなければならない。
イ．事業場外労働のみなし労働時間制を採用した場合には、三六協定を締結することなく、法定労働時間を超えて労働させることができる。
ウ．労働時間の一部のみを事業場外で労働した場合には、事業場外労働のみなし労働時間制は適用されない。
エ．労働者が事業場外で業務に従事する場合、使用者の具体的な指揮監督が及んでいるようなときには、労働時間の算定が可能となることから、みなし労働時間制の適用はない。

労務管理 3級

B●就業管理の概要　>　3●労働時間の弾力化に係る制度の種類・内容

4●裁量労働制　　　テキスト第2章第3節

裁量労働制に関する記述として誤っているものは、次のうちどれか。

ア．専門業務型裁量労働制の対象業務として、19の業務が定められている。
イ．専門業務型裁量労働制においては、企画業務型裁量労働制とは異なり、対象業務に従事する労働者からの苦情の処理に関する措置を講ずる必要はない。
ウ．企画業務型裁量労働制の対象業務は、事業の運営に関する事項についての企画、立案、調査、分析の業務であって、当該業務の性質上これを適切に遂行するには、その遂行方法を大幅に労働者の裁量にゆだねる必要があるため、当該業務の遂行の手段及び時間配分の決定等に関し、使用者が具体的な指示をしないこととする業務である。
エ．企画業務型裁量労働制の対象労働者は、対象業務を遂行するための知識・経験を有している労働者でなければならない。

解答 p.132

専門業務型裁量労働制を適用できない業務は、次のうちどれか。

ア．新商品若しくは新技術の研究開発又は人文科学若しくは自然科学に関する研究の業務
イ．学校教育法に規定する大学における教授研究の業務（主として研究に従事するものに限る）
ウ．情報処理プログラムの設計又は作成を行うプログラマーの業務
エ．ゲーム用ソフトウェアの創作の業務

解答 p.132

B●就業管理の概要　＞　4●労働時間等の適用除外対象者の種類・内容

2●農業および畜産、養蚕、水産の事業の従事者　テキスト第2章第4節

労基法の労働時間、休憩及び休日に関する規定が適用されない事業の種類として誤っているものは、次のうちどれか。

ア．農業
イ．林業
ウ．畜産業
エ．水産業

解答　p.134

B●就業管理の概要　＞　4●労働時間等の適用除外対象者の種類・内容

3●監督または管理の地位にある者

テキスト第2章第4節

労基法第41条に規定する「管理監督者」に関する記述として、適切なものは次のうちどれか。

ア．管理監督者についても、年次有給休暇の規定は適用される。
イ．社内における役職名が課長である労働者は、管理監督者である。
ウ．管理監督者に該当するかの判定にあたり、賃金等の待遇面が判断要素となることはない。
エ．安衛法に基づく安全管理者として従事する労働者は、管理監督者である。

解答●p.135

労基法上の管理監督者に関する記述として正しいものは、次のうちどれか。

ア．管理職手当を支給されている者は、管理監督者となる。
イ．管理監督者には、深夜業に従事した場合、深夜割増賃金を支払う必要はない。
ウ．遅刻や早退で賃金が減額されるような場合には、管理監督者とは認められない。
エ．管理監督者には、年次有給休暇を付与する必要はない。

解答●p.136

B●就業管理の概要　＞　5●時間外・休日労働、深夜労働の基礎

1●時間外・休日労働

テキスト第2章第5節

問題 45

時間外労働に関する記述として誤っているものは、次のうちどれか。

ア．労基法第32条は法定労働時間を定めているが、三六協定を締結し、所轄労働基準監督署長に届け出ることを要件として、法定労働時間を超える時間外労働を認めている。
イ．災害その他避けることのできない事由によって、臨時の必要がある場合においては、使用者は、所轄労働基準監督署長の許可を受けて、その必要の限度において法定労働時間を超えて、労働者に労働をさせることができる。
ウ．使用者は年少者に、時間外労働をさせてはならない。
エ．坑内労働その他厚生労働省令で定める健康上特に有害な業務の労働時間の延長は、1日について4時間を超えてはならない。

解答●p.137

労務管理 3級

B●就業管理の概要 ＞ 5●時間外・休日労働、深夜労働の基礎

2●災害等による臨時の必要がある場合の時間外・休日労働　テキスト第2章第5節

災害その他避けることのできない事由によって、臨時の必要があり、使用者が行政官庁の許可を受けて時間外労働を行わせることができるものにあてはまらないものは、次のうちどれか。

ア．急病による人命又は公益を保護するために必要な場合
イ．電圧低下により、保安等の必要がある場合
ウ．突発的な業務の繁忙による経営上の必要がある場合
エ．事業の運営が不可能となるような突発的な機械の故障により、修理が必要な場合

解答●p.138

過去問題編

B●就業管理の概要　＞　5●時間外・休日労働、深夜労働の基礎

3●三六協定による時間外・休日労働　　　テキスト第2章第5節

問題 47

H24前

労基法に定める時間外労働に関する記述として誤っているものは、次のうちどれか。

ア．厚生労働大臣が定める時間外労働の延長の限度時間は、1年間では360時間、3カ月では100時間、1カ月では45時間である。
イ．使用者は当該事業場の過半数代表者との間で、時間外労働に関する労使協定（三六協定）を締結し、所轄労働基準監督署長に届出をすることにより、その範囲内で時間外労働をさせても罰せられない。
ウ．臨時的に、限度時間を超えて時間外労働を行わなければならない特別の事情が予想される場合には、特別条項付き三六協定を締結し、所轄労働基準監督署長に届出をすることにより、限度時間を超える時間を延長時間とすることができる。
エ．法定労働時間を延長して労働させる場合には、三六協定において、「1日」、「1日を超え3カ月以内の期間」及び「1年間」の各々について、時間外労働の時間数の上限を定めなければならない。

解答●p.139

問題 48

H26前

時間外労働・休日労働に関する記述として不適切なものは、次のうちどれか。

ア．時間外労働・休日労働が1カ月あたり45時間を超えて長くなるほど健康障害のリスクが徐々に高まるとの医学的知見が得られているので、健康管理の面からも時間外労働や休日労働の削減に取り組むことが要請されている。

58

イ．三六協定を労使間で締結していながら所轄労働基準監督署長への届出を失念していた場合には、使用者は労働者に対して時間外労働を命ずることができない。
ウ．労働者を法定休日に労働させた場合には、他の日に代休を与えなければならない。
エ．坑内労働その他厚生労働省令で定める健康上特に有害な業務の労働時間の延長は、1日について2時間を超えてはならない。

B●就業管理の概要　＞　5●時間外・休日労働、深夜労働の基礎

5● 割増賃金の算定基礎賃金

テキスト第2章第5節

労基法に定める割増賃金に関する記述として誤っているものは、次のうちどれか。

ア．使用者は、法定休日の割増賃金の支払いに代えて、代替休暇を与えることができ、当該労働者が代替休暇を取得したときは、労働者に割増賃金を支払うことを要しない。

イ．月給制の場合に、割増賃金の基礎となる賃金の算定は、月給の額から除外賃金を除いたうえで、月における所定労働時間数で割った値とするが、月によって所定労働時間数が異なる場合には、1年間における1カ月平均所定労働時間数で割った値とする。

ウ．出来高払制その他の請負制の場合には、割増賃金の基礎となる賃金の算定は、その賃金算定期間（賃金締切日がある場合には、賃金締切期間）において、出来高払制その他の請負制によって計算された賃金の総額を当該賃金算定期間における総労働時間数で除した値とする。

エ．1カ月における時間外労働、休日労働、及び深夜労働の各々の時間数の合計に1時間未満の端数がある場合に、30分未満を切り捨てて、30分以上を1時間に切り上げることは、労基法第24条及び第37条違反として取り扱わないとされている。

労基法に定める時間外労働及び割増賃金に関する記述として正しいものは、次のうちどれか。

ア．1日の労働時間が8時間を超える場合には、その超える部分の労働に対して時間外労働の割増賃金を支払わなければならないが、この8時間には休憩時間も含まれる。
イ．1日の所定労働時間を6時間と定めて雇用したパートタイム労働者を、実際に7時間労働させた場合には、所定労働時間を超えた1時間分について、時間外労働の割増賃金を支払わなければならない。
ウ．時間外労働をさせないことが明らかな場合には、労働条件通知書に所定労働時間を超える労働の有無について記載する必要はない。
エ．災害等による臨時に必要がある場合の時間外労働については、労使協定の締結は必要ではないが、割増賃金の支払いは必要である。

B●就業管理の概要　＞　5●時間外・休日労働、深夜労働の基礎

6●時間外・休日労働と割増賃金
テキスト第2章第5節

割増賃金に関する記述として不適切なものは、次のうちどれか。

ア．1カ月の時間外労働時間が45時間を超えた場合は、その超えた時間について50％以上の率で計算した割増賃金を支払わなければならない。
イ．法定休日労働に係る割増賃金率を30％とすることについて労働者が同意した場合であっても、35％以上の率で計算した割増賃金を支払わなければならない。
ウ．法定休日に8時間を超えて労働させた場合、その超えた時間についても35％以上の率で計算した割増賃金を支払えば足りる。
エ．特別条項付き三六協定を締結する場合には、限度時間を超える時間外労働に係る割増賃金率は、「賃金の決定、計算及び支払いの方法」として就業規則に記載しなければならない。

解答●p.143

休日労働及び割増賃金に関する記述として正しいものは、次のうちどれか。なお、本問題における代休は無給を想定している。

ア．所定休日に労働させた場合には、代休を与えなければならない。
イ．法定休日に労働させた場合でも、他の日に代休を与えれば割増賃金を支払う必要はない。
ウ．完全週休2日制とする会社で法定休日でない所定休日に労働させた場合は、休日労働の割増賃金を支払う法律上の義務はない。
エ．火災や大震災など緊急でやむを得ないときに、労基法第33条第1項の定

めに基づいて法定休日に労働させた場合には、休日労働の割増賃金の支払いは必要ない。

労働時間に関する記述として誤っているものは、次のうちどれか。

ア．労基法においては、労働時間・休日・深夜業等について規定を設けていることから、使用者は、労働時間を適正に把握するなど労働時間を管理する責務があると解されている。
イ．法定休日に、1日8時間を超えて労働者を労働させた場合、当該8時間を超える労働時間についても、休日労働の割増賃金率により、割増賃金を支払えば足りる。
ウ．安衛法に定める雇入れ時の安全衛生教育が法定労働時間外に行われた場合には、使用者は時間外の割増賃金を支払う義務はない。
エ．使用者は、労働者を午後10時から翌日の午前5時までの深夜時間帯に労働させた場合には、当該深夜労働時間数を賃金台帳に記載しなければならない。

過去問題編

B●就業管理の概要 ＞ 5●時間外・休日労働、深夜労働の基礎

7●深夜労働

テキスト第2章第5節

深夜労働（午後10時から午前5時までの労働）に関する記述として誤っているものは、次のうちどれか。

ア．使用者は、満18歳未満の労働者には深夜労働をさせてはならないが、交替制によって使用する16歳以上の男性労働者については、この限りでない。
イ．法定休日の休日労働が、1日の法定労働時間を超えて行われ、その一部が深夜の時間帯になされた場合に、深夜の時間帯に係る部分については、休日労働の割増率と深夜労働の割増率とを加算し、60％の割増率となる。
ウ．使用者は、企画業務型裁量労働制の対象労働者が深夜労働を行った場合には、深夜労働の割増賃金を支払わなければならない。
エ．使用者は、労働者に対して深夜労働を命ずる場合には、当該事業場の過半数代表者との間で深夜労働に関する協定を締結し、所轄労働基準監督署長に届け出なければならない。

解答 p.145

深夜労働に関する記述として不適切なものは、次のうちどれか。

ア．満18歳未満の労働者には、原則として深夜労働をさせることができない。
イ．通常の労働時間に深夜労働が含まれている場合には、当該労働者の深夜労働分の賃金は、50％割増の率で計算した割増賃金を支払わなければならない。
ウ．深夜労働をさせた場合には、賃金台帳に深夜労働時間数を記入しなければならない。

64

エ．小学校就学前の子を養育する労働者であって、一定の要件を満たす者から請求があった場合、事業主は原則として当該労働者に深夜労働をさせてはならない。

B●就業管理の概要　＞　6●休暇の基礎

1●休暇とは何か

テキスト第2章第6節

休暇・休業に関する記述として不適切なものは、次のうちどれか。

ア．リフレッシュ休暇とは、一定の勤続年数を有する者に心身の休養等の目的で付与される休暇のことである。
イ．一時帰休とは、不況・経営不振対策として行われる一時的な休業のことである。
ウ．産前休業とは、6週間（多胎妊娠の場合は14週間）以内に出産する予定の女性労働者の請求により付与される法定の休業のことである。
エ．病気休暇とは、業務外の傷病で就労できない場合に付与される法定の休暇のことである。

解答●p.147

労務管理 3級

B●就業管理の概要　＞　6●休暇の基礎

2●年次有給休暇

テキスト第2章第6節

問題 57

年次有給休暇に関する記述として不適切なものは、次のうちどれか。

ア．年次有給休暇の出勤率の算定にあたり、産前産後休業を取得した日は出勤したものとして取り扱う。
イ．定年退職を6カ月後に控えて年次有給休暇の付与の基準日を迎えた労働者には、付与すべき日数の2分の1の日数を付与すれば足りる。
ウ．育児休業申出後には、育児休業期間中の日について年次有給休暇を請求する余地はない。
エ．定年退職者が退職日以降も引き続き嘱託等として再雇用される場合、年次有給休暇の付与については継続勤務しているものとして取り扱う。

労基法に定める年次有給休暇の発生要件及び付与日数に関する記述として誤っているものは、次のうちどれか。

ア．1日の所定労働時間が4時間で、かつ、1週間の所定労働日数が5日の労働者が雇入れの日から起算して6カ月間継続勤務し、全労働日の8割以上出勤した場合には、10労働日の年次有給休暇が付与される。
イ．1日の所定労働時間が7時間で、かつ、1週間の所定労働日数が3日の労働者が雇入れの日から起算して6カ月間継続勤務し、全労働日の8割以上出勤した場合には、5労働日の年次有給休暇が付与される。
ウ．期間を定めて雇用される労働者は、期間の定めのない労働者とは異なる日数の年次有給休暇が付与される。

67

エ．定年退職と同時に再雇用された労働者の年次有給休暇の付与要件の判断にあたっては、定年前の勤務年数を通算して取り扱う。

労基法に定める年次有給休暇に関する記述として正しいものは、次のうちどれか。

ア．勤続1年6カ月から2年6カ月の出勤率が8割未満であった労働者が、2年6カ月から3年6カ月に8割以上出勤した場合に、勤続3年6カ月の時点で付与される年次有給休暇の日数は14日である。
イ．パート法に基づき短時間労働者を通常の労働者に転換した場合には、短時間労働者であった期間を年次有給休暇の継続勤務期間に含めなくてよい。
ウ．派遣労働者は、同一派遣元で6カ月以上継続勤務し、8割以上出勤している場合には、派遣先に対し、年次有給休暇の始期と終期を示して時季指定を行うことによって年次有給休暇を取得できる。
エ．年次有給休暇の付与要件の継続勤務期間に、試用期間は算入しなくてよい。

＜参考＞年次有給休暇の付与日数

継続勤務期間	6カ月	1年6カ月	2年6カ月	3年6カ月	4年6カ月	5年6カ月	6年6カ月以上
付与日数	10日	11日	12日	14日	16日	18日	20日

労務管理 3級

B●就業管理の概要 ＞ 6●休暇の基礎

3●その他の法定休暇
テキスト第2章第6節

H27前

休暇等に関する記述として誤っているものは、次のうちどれか。

ア．小学校就学前の子を養育する労働者は、子が病気やけがをした場合において、子の看護休暇を取得することができる。
イ．労働者の三親等以内の親族に関する慶弔休暇を設ける場合は、有給としなければならない。
ウ．労働者が裁判員に選出され、所定労働日に裁判所に出頭するため必要な時間を請求した場合、使用者はこれを拒むことはできない。
エ．生理休暇は、就業規則その他によりその日数を限定することは許されないが、有給とする日数の上限を定めることは可能である。

H28前

休暇等に関する記述として不適切なものは、次のうちどれか。

ア．常時10人以上の労働者を使用する事業場において、ボランティア休暇制度を設ける場合には、就業規則に記載しなければならない。
イ．労働者が生理日の休暇を取得した場合には、使用者は賃金を支払わなければならない。
ウ．生後満1年に達しない生児を育てる女性は、1日2回各々少なくとも30分、その生児を育てるための時間を請求することができる。
エ．労基法上の管理監督者であっても、同法に定める産前産後休業を取得することができる。

69

休暇等に関する記述として不適切なものは、次のうちどれか。

ア．小学校就学前の子を養育する労働者は、子が病気やケガをした場合等において、子の看護休暇を取得することができる。
イ．事業主は、妊娠中の女性労働者について、母子保健法に基づく保健指導又は健康診査を受けるために必要な時間を確保しなければならない。
ウ．使用者は、市町村議会議員選挙に立候補した労働者から被選挙権を行使するための必要な時間を請求された場合、これを拒むことができる。
エ．生理休暇は、就業規則その他により、その日数を限定することは許されないが、有給とする日数の上限を定めることは可能である。

労務管理 3級

B●就業管理の概要　＞　7●有期契約労働者の雇用・就業管理

2●有期契約労働者の契約期間の管理

テキスト第2章第7節

労契法に定める有期労働契約に関する記述として不適切なものは、次のうちどれか。

ア．有期労働契約の雇止めについて、一定の条件の下で解雇法理が類推適用されるとする判例法理が明文化されている。
イ．労働契約に期間の定めをするには合理的な理由が求められ、合理的理由のない労働契約の期間の定めは無効とされ、無期労働契約を締結したものとみなされる。
ウ．同一の使用者との間で、有期労働契約が通算5年を超えて反復更新された場合、労働者の申込みにより、無期労働契約に転換できる。
エ．有期労働契約であることを理由に、同一の使用者の下における無期契約労働者と比べて、労働条件に不合理な差異を設けることを禁止されている。

解答●p.152

有期労働契約に関する記述として誤っているものは、次のうちどれか。

ア．有期労働契約を締結している労働条件が、期間の定めがあることにより同一の使用者と期間の定めのない労働契約を締結している労働者の労働条件と相違する場合においては、当該労働条件の相違は、労働者の業務の内容及び当該業務に伴う責任の程度、当該職務の内容及び配置の変更の範囲その他の事情を考慮して、不合理と認められるものであってはならない。
イ．使用者と満60歳以上の労働者との間に締結される有期労働契約の期間の定めは、1年を超えてはならない。

ウ．厚生労働大臣は、期間の定めのある労働契約の締結時及び当該労働契約の期間の満了時において労働者と使用者との間に紛争が生ずることを未然に防止するため、使用者が講ずべき労働契約の期間の満了に係る通知に関する事項その他必要な事項についての基準を定めることができる。

エ．使用者は、有期労働契約について、その有期労働契約により労働者を使用する目的に照らして、必要以上に短い期間を定めることにより、その有期労働契約を反復して更新することのないよう配慮しなければならない。

労務管理 3級

B●就業管理の概要 ＞ 8●パートタイム労働者の雇用・就業管理

2●パートタイム労働者の雇用管理の改善　テキスト第2章第8節

期間の定めのあるパートタイム労働者に関する記述として正しいものは、次のうちどれか。

ア．事業主は、労働契約期間が6カ月で1週の所定労働時間が30時間であるパートタイム労働者に対して、安衛法に定められた健康診断を実施しなければならない。
イ．1週の所定労働日数が3日のパートタイム労働者には、生理休暇に関する規定は適用されない。
ウ．使用者は、労働契約の期間が3カ月、1週の所定労働時間が30時間の労働契約でパートタイム労働者（65歳未満）を新たに雇い入れた場合には、この者を雇用保険の被保険者としなければならない。
エ．6カ月契約で雇用されるパートタイム労働者が契約期間中に取得できる子の看護休暇の日数は、3日である。

解答　p.153

パートタイム労働者に関する記述として正しいものは、次のうちどれか。

ア．事業者は、所定労働日数、所定労働時間数にかかわらず、パートタイム労働者に対し安衛法に定めるところにより健康診断を実施しなければならない。
イ．事業主は、パートタイム労働者からの相談に応じ、適切に対応するための必要な体制を整備するように努めなくてはならない。
ウ．事業主は、通常の労働者を新たに募集する場合は、その募集内容を既に

73

雇用しているパートタイム労働者に周知するなどの措置を講じなければならない。
エ．パートタイム労働者は、労基法に定める産前産後休業を取得することができない。

労務管理 3級

B●就業管理の概要 ＞ 9●派遣労働者の雇用・就業管理

テキスト第2章第9節

問題 67

派遣労働者に関する記述として正しいものは、次のうちどれか。

ア．派遣労働者に対する賃金の支払義務は、派遣先が負う。
イ．派遣労働者には、派遣先の三六協定が適用される。
ウ．作業内容変更時の安全衛生教育の実施義務は、派遣元及び派遣先がそれぞれ負う。
エ．一般健康診断の実施義務は、派遣先が負う。

解答●p.155

問題 68

労働者派遣に関する記述として不適切なものは、次のうちどれか。

ア．派遣先事業主は、紹介予定派遣に係る派遣労働者を受け入れるにあたって、6カ月を超えて、同一の派遣労働者を受け入れることはできない。
イ．派遣先事業主が派遣就業の場所ごとの業務に派遣労働者を受け入れることができる期間は、原則として3年である。
ウ．派遣先事業主は、社会保険加入要件を満たした派遣労働者を受け入れた場合には、社会保険に加入させなければならない。
エ．派遣先事業主及び派遣元事業主は、派遣労働者に対して、妊娠中、出産後の健康管理に関する必要な措置を講じなければならない。

解答●p.155

75

B●就業管理の概要　＞　9●派遣労働者の雇用・就業管理

5●派遣労働者を受け入れる際の留意点

派遣先事業主（以下「派遣先」という。）の責務に関する記述として誤っているものは、次のうちどれか。

ア．派遣先は、自社の三六協定の範囲を超えて、派遣労働者に時間外労働及び休日労働をさせてはならない。

イ．派遣先は、派遣労働者に対するセクハラに関して雇用管理上必要な措置を講じなければならない。

ウ．派遣先は、派遣元事業主が行う教育訓練や、派遣労働者の自主的な能力開発について可能な限り協力するほか、必要に応じた教育訓練に係る便宜を図るよう努めなければならない。

エ．派遣先は、紹介予定派遣の場合を除き、派遣元に対して、労働者派遣に先立って派遣予定の労働者と面接することを求めてはならない。

B●就業管理の概要　＞　10●男女雇用機会均等法

2●性別を理由とする差別の禁止

テキスト第2章第10節

男女雇用機会均等法等に関する記述として誤っているものは、次のうちどれか。

ア．男女雇用機会均等法における労働者とは、雇用されて働く者をいい、求職者を含む。
イ．採用にあたり、女性労働者が男性労働者と比較して相当程度少ない雇用管理区分において男性より女性を優先して採用することは、男女雇用機会均等法に違反することとはならない。
ウ．転居を必要とするような広域の支店がない会社が、採用にあたって転居を伴う転勤に応じられることを応募の条件とすることは、間接差別には該当しない。
エ．派遣元事業主は、派遣先との間で労働者派遣契約を締結するにあたっては、派遣労働者の性別を労働者派遣契約に記載してはならない。

解答●p.158

B●就業管理の概要　＞　11●妊産婦等の就業管理

3●妊産婦等の休暇・休業

テキスト第2章第11節

問題 71

H27後

事業主の行うべき休業等の取扱いに関する記述として誤っているものは、次のうちどれか。

ア．事業主は、妊産婦のための保健指導又は健康診査を受診するために必要な時間を確保することができるようにしなくてはならない。
イ．育児休業の取得の申出は、特別の事情がない限り1人の子につき1回であるが、男性労働者が配偶者の出産後8週間以内の期間内に育児休業を取得した場合には、再度の取得が可能である。
ウ．入社1年未満の労働者は、労基法第65条に基づく産前産後休業を取得することはできない。
エ．育児休業期間中に年次有給休暇の時季指定を行ったとしても、年次有給休暇を取得することはできない。

解答 p.159

労務管理 3級

B●就業管理の概要 ＞ 12●育児・介護にかかわる者の就業管理

1●育児休業制度の概要

テキスト第2章第12節

育児休業制度に関する記述として誤っているものは、次のうちどれか。

ア．子の母親が産前産後休業の後、引き続き1歳になるまで育児休業をした場合には、その子の父親はその子が1歳から1歳2カ月までの間育児休業をすることができる。

イ．配偶者の産後休業期間中に最初の育児休業を取得した労働者は、当該育児休業に係る子が1歳に到達するまでに、再度の育児休業をすることができる。

ウ．養育する子が1歳に到達する日において育児休業をしている労働者は、申し込んだ保育所に空きがない場合には、その子が1歳6カ月に達するまで育児休業をすることができる。

エ．期間の定めのある労働者が事業主に6カ月継続して雇用されている場合は、その子が1歳に到達するまでの育児休業を申し出ることができる。

79

過去問題編

B●就業管理の概要　＞　14●高年齢者の雇用・就業管理

2●定年と高齢者雇用確保措置
テキスト第2章第14節

問題73

H24前

高年齢者雇用確保措置のための諸制度に関する記述として誤っているものは、次のうちどれか。

ア．65歳未満の定年を定めている事業主には、①定年の引上げ、②継続雇用制度の導入、③定年制の廃止のいずれかの措置をとる義務が課せられている。

イ．65歳未満の定年年齢を定めている場合の継続雇用制度の対象者は、継続雇用を希望する者のうち、「会社が必要と認めた者」に限ることができる。

ウ．継続雇用制度には、「定年年齢に達した社員を退職させることなく、引き続き雇用する勤務延長制度」と、「定年年齢に達した社員をいったん退職させた後に、改めて雇用する再雇用制度」の2つがある。

エ．高年齢者雇用確保措置の対象年齢が65歳になるのは、平成25年4月1日以降である。

解答　p.161

問題74

H28前

高年齢者雇用安定法で定める高年齢者雇用確保措置に関する記述として不適切なものは、次のうちどれか。

ア．定年を60歳と定めている会社は「65歳への定年の引上げ」「継続雇用制度の導入」又は「定年の定めの廃止」のいずれかの措置を講じなければならない。

イ．継続雇用制度の導入等の年齢は、女性の年金支給開始年齢の引上げに合わせ、平成30年度までに段階的に引き上げることとされている。

80

労務管理 3級

ウ．平成25年4月1日以降、継続雇用制度の対象となる労働者に関する基準を新たに定めることはできない。
エ．継続雇用制度には、再雇用制度と勤務延長制度がある。

解答 p.162

B●就業管理の概要 ＞ 15●障害者の雇用・就業管理

1●障害者の雇用・就業管理（実務担当者として知っておくべきこと） テキスト第2章第15節

問題75 H27後

障害者の雇用に関する記述として誤っているものは、次のうちどれか。

ア．障害者雇用促進法でいう「障害者」とは、長期にわたり職業生活に相当程度制限を受ける者又は職業生活を営むことが困難な者をいい、身体障害者及び知的障害者を指している。
イ．「除外率」は、一律に法定雇用率を適用することになじまない業種について雇用義務の軽減を図る制度であるが、段階的に縮小することとされている。
ウ．障害者雇用納付金制度とは、法定雇用率を達成していない事業主から納付金を徴収し、達成している事業主に対して調整金、報奨金を支給するとともに、障害者の雇用の促進等を図るための各種助成金を支給する制度である。
エ．法定雇用率未達成事業主には、公共職業安定所長からの指導があり、雇入れ計画の作成が命じられることがある。

解答 p.163

労務管理 3級

B●就業管理の概要 ＞ 15●障害者の雇用・就業管理

3●雇用義務制度

テキスト第2章第15節

障害者の人事管理に関する記述として誤っているものは、次のうちどれか。

ア．障害者の雇用義務がある事業主は、毎年6月1日現在の障害者の雇用に関する状況をハローワークに報告しなければならない。
イ．一般の民間企業における障害者の法定雇用率は1.8％である。
ウ．障害者を雇用するには、健常者と障害者とが相互に理解し合いながら働ける環境を作ることが大切であり、そのためには管理者や社員が障害者とどのように接するかについて学習する必要がある。
エ．障害者の統計上の賃金水準は、身体障害者、知的障害者、精神障害者を比べると、身体障害者が最も高くなっている。

障害者の雇用率に関する記述として正しいものは、次のうちどれか。

ア．事業主は、毎年6月1日時点の障害者雇用状況を公共職業安定所に報告しなければならない。
イ．一般事業主の法定雇用率は1.8％である。
ウ．雇用率は、個々の事業主単位で判断する。
エ．雇用率の算定の基礎となる障害者は、身体障害者と知的障害者である。

83

B●就業管理の概要　＞　16●外国人労働者の雇用・就業管理

3●入国管理法制と在留資格

テキスト第2章第16節

問題78

在留する外国人のうち就労できない者は、次のうちどれか。

ア．在留資格「家族滞在」により滞在し、資格外活動許可を得ている外国人
イ．在留資格「短期滞在」により滞在している外国人
ウ．在留資格「日本人の配偶者等」により滞在する外国人
エ．ワーキングホリデー制度により入国した「特定活動」の在留資格で滞在している外国人

B●就業管理の概要　＞　16●外国人労働者の雇用・就業管理

4●実務担当者として注意すべきこと　テキスト第2章第16節

外国人の雇用・就業管理に関する記述のうち適切なものは、次のうちどれか。

ア．使用者は、労働者の国籍を理由として賃金、労働時間その他の労働条件について差別的な取扱いをしてはならない。
イ．就労可能な在留資格を有していない外国人労働者には、労働者災害補償保険は適用されない。
ウ．使用する従業員が50人以上の事業主は、外国人労働者（特別永住者及び在留資格「外交」・「公用」の者を除く）の雇入れ及び離職の際に、当該外国人労働者の氏名、在留資格、在留期間等についてハローワークへ届け出なくてはならない。
エ．事業主が不法就労の外国人労働者を使用した場合であっても、罰せられることはない。

過去問題編

C●安全衛生・福利厚生の概要　＞　1●労働安全衛生管理の基礎

3●安全衛生管理体制　　　　　　　　　　　　　　　　テキスト第3章第1章

総括安全衛生管理者の選任に関する記述として誤っているものは、次のうちどれか。

ア．事業者で、一の場所において行う事業の一部を請負人に請け負わせている造船業の作業現場のうち、常時50人以上の元方事業者及び下請負人の労働者が作業する場合には、総括安全衛生管理者を選任しなければならない。
イ．総括安全衛生管理者は、当該事業所における事業の実施について実質的に統括管理する権限及び責任を有する者をもって充てなければならない。
ウ．総括安全衛生管理者を選任した場合は、所轄労働基準監督署長へ選任報告を提出しなければならない。
エ．総括安全衛生管理者が旅行、疾病等やむを得ない事由で職務を行うことができないときには、代理者を選任しなければならない。

解答●p.168

安衛法に規定されている安全衛生管理体制に関する記述として正しいものは、次のうちどれか。

ア．総括安全衛生管理者は、労働者数が300人以上の全ての事業場に選任が義務づけられている。
イ．産業医は、業種に関係なく労働者数が30人以上の事業場に選任が義務づけられている。
ウ．建設工事現場のうち関係請負人の労働者を含めた労働者数が100人以上の事業場には、安全委員会の設置が義務づけられている。

エ．電気業、ガス業で労働者数が50人以上の事業場では、安全管理者の選任が義務づけられている。

産業医に関する記述として誤っているものは、次のうちどれか。

ア．業種にかかわらず、常時50人以上の労働者を使用する事業場の事業者は、産業医を選任し、所轄労働基準監督署長に選任報告を提出しなければならない。
イ．労働者を使用する事業場であって産業医の選任義務のない事業場の事業者は、都道府県の区域の一部の地域内の医師会に委託して行う、地域産業保健センター事業の利用に努めるものとされている。
ウ．産業医を選任するにあたって事業者は、厚生労働大臣の定める研修を修了した医師等のうちから、その事業場に専属の者を選任しなければならない。
エ．産業医は、少なくとも毎月1回作業場を巡視し、作業方法又は衛生状態に有害のおそれがあるときは、直ちに、労働者の健康障害を防止するため必要な措置を直接事業者に勧告することができる。

衛生委員会に関する記述として誤っているものは、次のうちどれか。

ア．衛生委員会は、業種を問わず常時50人以上の労働者を使用する事業場に設けなければならない。
イ．事業者は、産業医を衛生委員会の構成員として必ずしも指名する必要はない。

ウ．衛生委員会の会議は、毎月1回以上開催しなければならない。
エ．事業者は、委員会開催の都度、遅滞なく委員会における議事の概要を所定の方法によって労働者に周知させなければならない。

労務管理 3級

C● 安全衛生・福利厚生の概要 ＞ 1● 労働安全衛生管理の基礎

6● 労働災害の防止　　　　　　　　　　　　　　　テキスト第3章第1節

労働災害の防止に関する記述として不適切なものは、次のうちどれか。

ア．事業者は、労働者の作業行動から生じる労働災害を防止するための必要な措置を講じなければならない。
イ．製造業に属する事業の仕事を行う事業者は、労働者の救護に関し必要な機械等の備付け及び管理を行わなくてはならない。
ウ．特定元方事業者は、労働災害を防止するために、協議組織の設置その他の措置を講じなければならない。
エ．事業者は、建設物、設備等による危険性又は有害性等を調査し、労働者の危険又は健康障害を防止するため必要な措置を講ずるよう努めなければならない。

解答 ●p.171

安全衛生に関する用語の解説として不適切なものは、次のうちどれか。

ア．労働災害とは、業務に起因して労働者が負傷し、疾病にかかり、又は死亡することをいう。
イ．ゼロ災運動とは、人間尊重の理念に基づいて職場の安全と健康を職場全員参加で先取りしようとする安全衛生運動をいう。
ウ．災害調査とは、災害原因を明らかにして関係者の責任を明確にすることを目的に行うものをいう。
エ．作業環境管理とは、作業環境中の種々の有害要因を除去し、労働者の健康障害防止のための基本となる対策をいう。

解答 ●p.172

過去問題編

C●安全衛生・福利厚生の概要　＞　1●労働安全衛生管理の基礎
7●労働安全衛生マネジメントシステム（OSHMS）　テキスト第3章第1節

事業者が実施しようとする作業につきリスクアセスメントを行った後、リスク低減措置を検討・実施するにあたって、平成18年指針公示第1号「危険性又は有害性等の調査等に関する指針」では、最優先とされる法令に規定された事項の実施以外に、以下の①～④までの4つのリスク低減措置につき、優先順位を定めている。その組合せとして適切なものは、次のうちどれか。

①危険な作業の廃止・変更等、設計や計画段階からの危険性又は有害性の除去又は軽減対策
②インターロック、局所排気装置等の設置等の工学的対策
③マニュアル等の整備等の管理的対策
④個人用保護具の使用

ア．①→③→②→④
イ．③→④→①→②
ウ．①→②→③→④
エ．④→①→③→②

労働安全衛生マネジメントシステム（以下、「OSHMS」という）に関する記述として不適切なものは、次のうちどれか。

ア．OSHMSは、ラインの管理監督者が安全衛生方針を表明することから始まる。

イ．OSHMSは、計画（Plan）→ 実施（Do）→ 評価（Check）→ 改善（Action）といった連続的な安全衛生管理を継続的に実施する仕組みに基づいて、安全衛生計画の適切な運営・実施をすることが基本である。
ウ．OSHMSにおいてリスクアセスメントは、危険又は有害要因を評価するための合理的手法といえる。
エ．OSHMSの重要な事項を文書化し、管理することは、後任者にその内容を継承していくという重要な役割を担っている。

C●安全衛生・福利厚生の概要　＞　2●健康管理・メンタルヘルスの基礎

1●労働衛生の3管理

テキスト第3章第2節

問題88

H27前

作業環境測定結果の保存年数に誤りのあるものは、次のうちどれか。

ア．粉じん障害予防規則による空気中の粉じん濃度…………7年
イ．石綿障害予防規則による空気中の石綿濃度………………10年
ウ．事務所衛生基準規則による空気中の一酸化炭素濃度……3年
エ．有機溶剤中毒予防規則による空気中の有機溶剤濃度……3年

解答●p.176

問題89

H28後

衛生管理者に関する記述として誤っているものは、次のうちどれか。

ア．常時50人以上の労働者を使用する事業場の事業者は、衛生管理者を選任しなければならない。
イ．衛生管理者を選任すべき事由が生じたときは、1カ月以内に選任しなければならない。
ウ．衛生管理者は少なくとも毎週1回作業場を巡視しなければならない。
エ．常時1,000人を超える労働者を使用する事業場には、専任の衛生管理者を置かなければならない。

解答●p.177

C●安全衛生・福利厚生の概要　>　2●健康管理・メンタルヘルスの基礎

2●各種健康診断の実施

テキスト第3章第2節

企業が従業員の健康管理を行ううえでの記述として不適切なものは、次のうちどれか。

ア．平成24年の定期健康診断の結果を見ると、何らかの所見を持っている人が50％を超えている。
イ．健康診断の結果については、各検査項目の結果を、当該従業員に通知しなければならない。
ウ．海外に6カ月以上従業員を派遣する場合は、事前に健康診断が必要である。
エ．従業員50名以上の事業所には、産業保健師の選任が義務づけられている。

安衛則第44条の定期健康診断項目として記載されていないものは、次のうちどれか。

ア．胸部エックス線検査
イ．腹部超音波検査
ウ．血糖検査
エ．肝機能検査

93

40歳以上の労働者に対して行う定期健康診断の項目に関する記述として、安衛法に定められていないものは、次のうちどれか。

ア．血圧の測定
イ．肝機能検査
ウ．腹囲の測定
エ．便潜血の検査

労務管理 3級

C●安全衛生・福利厚生の概要　>　2●健康管理・メンタルヘルスの基礎

6●職場におけるメンタルヘルスケア　　テキスト第3章第2節

職場のメンタルヘルス対策では管理監督者の役割が極めて重要であるとされているが、上司の対応として誤っているものは、次のうちどれか。

ア．「いつもと違う」部下の様子に気づいたら声をかけて話を聴く。
イ．部下からの相談に対しては、過去の自分の経験を活かし積極的に話をする。
ウ．休業中の部下の職場復帰に対しては、元職場への復帰を原則とし、本人、産業医、人事等関係者と話合いにより決める。
エ．うつ病、うつ状態の部下に対しては、叱ること、非難すること、無理に励ますことをしない。

解答●p.181

最近の我が国における自殺に関する記述として誤っているものは、次のうちどれか。

ア．我が国の自殺者数は、平成24年に平成9年以来15年ぶりに3万人を下回り、その後も前年に比べて減少傾向にある。
イ．事業所内での自殺は、業務上災害と認定される。
ウ．最近の自殺の原因の第1位は、健康問題である。
エ．心の負担となる問題を抱えている従業員の自殺予防として、職場の上司や同僚、家族によるサポートが重要と言われている。

解答●p.182

最近のメンタルヘルスの状況に関する記述として誤っているものは、次のうちどれか。

ア．内閣府によると、ここ3年間の自殺者数は減少している。
イ．内閣府によると、自殺の原因・動機を多い順に並べると、①勤務問題、②経済・生活問題、③健康問題、④家庭問題となる。
ウ．「平成26年度 過労死等の労災補償状況」（厚生労働省）によると、精神障害による労災申請件数は、増加傾向にある。
エ．「平成25年 労働安全衛生調査」（厚生労働省）によると、強い不安、悩み、ストレス等のある労働者は、50％を超えている。

C ● 安全衛生・福利厚生の概要　＞　2 ● 健康管理・メンタルヘルスの基礎

7 ● 過重労働による健康障害防止

安衛法で定める長時間労働者への医師による面接指導制度に関する記述として不適切なものは、次のうちどれか。

ア．事業者は、週40時間を超える労働が1カ月あたり100時間を超え、かつ、疲労の蓄積が認められる場合は、当該労働者の申出を受けて、医師による面接指導を行わなければならない。
イ．事業者は、面接指導を実施した労働者の健康を保持するために必要な措置について、医師の意見を聴かなければならない。
ウ．面接指導は、事業場の規模にかかわらず、実施しなければならない。
エ．事業者は、1カ月以内に面接指導を受けた労働者等が希望したときには、医師の判断にかかわらず面接指導を受けさせなければならない。

C●安全衛生・福利厚生の概要　>　3●福利厚生の基礎

1●わが国の福利厚生制度

テキスト第3章第3節

福利厚生管理に関する記述として最も不適切なものは、次のうちどれか。

ア．福利厚生には、公的な社会保障システムの一翼を担う法定福利厚生と、社員の生活の安定等を図るために企業が独自の裁量で行う法定外福利厚生とがある。
イ．法定外福利厚生管理は、目的の設定、原資の決定、制度設計、制度の運用の4つの段階から構成される。
ウ．福利厚生の実施について、有期労働契約を締結している者と無期労働契約を締結している者との間に相違がある場合、その相違が不合理と認められるものであってはならない。
エ．法定外福利厚生の第一の目的は、労使関係安定化機能にある。

法定外福利厚生として誤っているものは、次のうちどれか。

ア．住宅を借り受け、家賃を支払っている者に対する住宅手当の支給
イ．扶養義務者間で必要とされる教育資金の貸付
ウ．社会保険の保険料の事業主負担分
エ．財形法に基づく財産形成支援

短時間労働者の福利厚生施設に関する記述として、(　　　)に入る正しい言葉の組合せは、次のうちどれか。

　事業主は、通常の労働者に対して利用の機会を与える福利厚生施設であって、健康の保持又は業務の円滑な遂行に資するものとして厚生労働省令で定めるものについては、その雇用する短時間労働者に対しても、利用の機会を与えるように配慮しなければならない。厚生労働省令では、この対象となる福利厚生施設として、(　　　)、(　　　)、(　　　)を限定列挙している。

ア．給食施設、休憩室、更衣室
イ．保育室、給食施設、更衣室
ウ．休憩室、更衣室、運動施設
エ．運動施設、保育室、レクリエーション施設

C●安全衛生・福利厚生の概要 ＞ 3●福利厚生の基礎

5●法定外福利厚生

テキスト第3章第3節

福利厚生費における労働者意識の変化に関する記述として誤っているものは、次のうちどれか。

ア．日本企業の特徴の１つとして、法定外の福利厚生のうち、従業員定着のための住宅手当・家賃補助などが充実していないことがあげられる。
イ．日本経済団体連合会の調査によれば、法定外福利費の現金給与総額に占める割合は1960年代、70年代、80年代を通じて５～６％前後で推移したが、90年代には５％を割って４％台となり、以後減少傾向が続いている。
ウ．日本経済団体連合会の調査によれば、健康診断費や人間ドックに対する補助費であるヘルスケアサポートへの費用支出の動向は、近年10年程度ほぼ一貫して上昇傾向にある。
エ．「社宅や保養所などの福利厚生施設を充実させるより、その分社員の給与として支払うべきだ」という考えに対する賛否を聞いたところ、この福利厚生より給与という考えを支持する割合は、近年一貫して上昇している。

解答 p.188

労務管理 3級

ビジネス・キャリア®検定試験
解答・解説編

A●労使関係の概要　＞　1●労務管理の意義と範囲

3● 最低基準、強行法規としての労働基準法　テキスト第1章第1節

問題1 解答

正解　イ

ポイント　労働時間に関連したもの以外の必要な労使協定に関する基本的知識を問う。

解説

ア．認められる。購買代金、社宅、寮その他福利厚生施設の費用、社内預金、組合費等事理明白なものについてのみ労使協定によって賃金から控除することが認められる（労基法第24条第1項但書、昭和27年9月20日基発第675号）。

イ．認められない。使用者は、労働契約の不履行について違約金を定め、又は損害賠償額を予定する契約をしてはならない（労基法第16条）。

ウ．認められる。この規定は、労働者の貯蓄金をその委託を受けて管理しようとする場合においてのみは、労使協定を締結し、所轄労働基準監督署長へ届出をすることにより社内預金等の制限も認められるものである（労基法第18条第2項）。

エ．認められる。選択肢のケースは貯蓄金を管理することに該当するため、ウ．と同様の手続を要する（労基法第18条第2項、労基法コメ上 p.254）。

問題2 解答

正解　エ

ポイント　労使協定及び各人事措置の実施・導入要件に関する正しい知識を問う。

解説

ア．誤り。賃金を通貨以外のもの（実物給与）で支払うには、労基則第7条の2第2項の規定に基づき退職手当を支払う場合又は労働協約による別段

の定めを要する（労基法第24条第１項但書）。
イ．誤り。企画業務型裁量労働制を導入するには、労使協定ではなく、労使委員会の議決を要する（労基法第38条の４）。
ウ．誤り。整理解雇の要件については特に明文化されていないものの、労働組合又は労働者との協議・説明など、解雇手続上の配慮を使用者に求める判例が多い（菅野 p.749）。
エ．正しい。選択肢のとおり（労基法第39条第６項）。

問題3 解答　　　　　　　　　　　　　　　　　　　　　H27前

正解　ウ

ポイント　労働契約、就業規則、労働協約及び労基法の関係の理解度を問う。この優先順は極めて重要であり、十分理解しておくことが望まれる。

解説

ア．誤り。就業規則は、法令又は当該事業場について適用されている労働協約に反してはならない（労基法第92条）。
イ．誤り。労基法第37条は強行規定なので、たとえ労使合意のうえで割増賃金を支払わない申し合わせをしても、第37条に抵触するため無効である（昭和24年１月10日基収第68号）。
ウ．正しい。選択肢のとおり（労契法第12条）。
エ．誤り。この法律で定める基準に達しない労働条件を定める労働契約は無効とする。この場合において、無効となった部分は、この法律で定める基準による（労基法第13条）。したがって、労働契約が労基法の基準を上回る場合は、労働契約が優先される。

A●労使関係の概要 ＞ 2●労働契約・就業規則・労働協約・労使協定の概要

1●雇用契約と労働契約

テキスト第1章第2節

問題 4 解答

H28前

正解 ア

ポイント 労働契約の基本的な定義についての理解度を問う。

解説

ア．不適切。労働者派遣とは、「自己の雇用する労働者を、当該雇用関係の下に、かつ、他人の指揮命令を受けて、当該他人のために労働に従事させることをいい、当該他人に対し当該労働者を当該他人に雇用させることを約してするものを含まないものとする」（労働者派遣法第2条第1号）。したがって、派遣労働者は、派遣元との間に労働契約がある。

イ．適切。労働契約自体は口頭でも成立するが、労契法は、労使の意見の不一致を原因とした個別労働関係紛争を防止するために、使用者に、労働者に提示する労働条件及び労働契約の内容について、労働者の理解を深めるようにすることを求め、労働者と使用者は、期間の定めのある労働契約に関する事項を含め、労働契約の内容について、できる限り書面により確認するものとしている（労契法第4条第2項）。

ウ．適切。ボランティアは任意の奉仕活動であって使用従属性が認められないので、労働者性がない。

エ．適切。在籍型出向における出向労働者は、出向元及び出向先の双方とそれぞれ労働契約関係にあるとするのが行政解釈である（昭和61年6月6日基発第333号）。

A●労使関係の概要　＞　2●労働契約・就業規則・労働協約・労使協定の概要

3●労基法における契約に関する規制
テキスト第1章第2節

問題5　解答
H27前

正解　エ

ポイント　労働契約、労基法に係る基礎知識を問う。労基法の条文をよく理解しておくこと。

解説

ア．正しい。選択肢のとおり（労基法第18条第1項、第2項）。

イ．正しい。選択肢のとおり（労基法第16条）。

ウ．正しい。選択肢のとおり（民法第625条第1項、三和機材事件［東京地決平成4年1月31日　判例時報1416号 p.130］）。

エ．誤り。労働者の死亡又は退職の場合において、権利者（労働者本人又は労働者が死亡した場合にその遺産相続人（昭和22年9月13日発基第17号））から賃金の請求があった場合には、7日以内に支払わなければならない（労基法第23条第1項）。

105

A ● 労使関係の概要 ＞ 2 ● 労働契約・就業規則・労働協約・労使協定の概要

6 ● 就業規則

テキスト第1章第2節

問題 6 解答

H27前

正 解　エ

ポイント　実務として、就業規則の作成・届出義務の基本である「常時10人以上」の解釈を問う。

解 説

ア．含まれない。労働者派遣法第3章第4節「労働基準法等の適用に関する特例等」に規定されていない。

イ．含まれない。常時10人以上の労働者を使用しているか否かは、事業場単位でみるべきものである（労基法コメ下 p.892）。

ウ．含まれない。常時10人以上の労働者を使用するとは、常態として10人以上の労働者を使用しているという意味であって、繁忙期等において雇い入れる場合は含まれない（労基法コメ下 p.892）。

エ．含まれる。雇用終了年齢まで常態として使用される者と解される（高年齢者雇用安定法第9条）。

A●労使関係の概要　＞　2●労働契約・就業規則・労働協約・労使協定の概要

7● 労使協定の種類　テキスト第1章第2節

問題7　解答　H28前

正解　エ

ポイント　労使協定の締結が必要な事項及びその届出という、実務的な知識を問う。いずれも条文からの出題である。

解説

ア．必要。労基法第18条第2項。
イ．必要。労基法第36条第1項。
ウ．必要。労基法第32条の5第3項。
エ．不要。労基法第39条第4項。

解答・解説編

A●労使関係の概要　＞　3●集団的労使関係の基礎
1●労働組合
テキスト第1章第3節

問題8 解答

正解　ウ

ポイント　労働組合及びその活動に関する法制度の基礎知識を問う。労組法は条文が少ないため、その解釈は判例に委ねられるところが大きい。

解説
ア．適切。選択肢のとおり（労組法第7条第1号）。
イ．適切。選択肢のとおり（労組法第1条第2項）。
ウ．不適切。そのような権利は判例上認められていない（国鉄札幌運転区（国労札幌支部）事件［最三小判昭和54年10月30日　民集33巻6号 p.647］）。これは重要な判決であり、3級であっても知っておきたい内容である。
エ．適切。選択肢のとおり（労組法第8条）。

問題9 解答

正解　イ

ポイント　労働組合の設立要件及び労組法上の労働組合の定義に関する理解度を問う。

解説
ア．誤り。主として政治運動又は社会運動を目的とするものは、労組法上の労働組合ではない（労組法第2条但書第4号）。
イ．正しい。選択肢のとおり。ただし労組法の保護を受けられるものは、労組法で定めた要件を満たしたものに限られる。
ウ．誤り。労組法第5条第1項によれば、規約のほか、第2条に適合することを立証しなければならない。
エ．誤り。当該管理職が利益代表者にあたるか否かは、職務内容や権限に照らして、その人が加入することによって当該組合の自主性が損なわれるか

どうかによって具体的に判断される。管理職組合の法適合性が認められたケースとして、セメダイン事件（最一小決平成13年6月14日　労判807号 p.5）がある。

 解答

正解　ウ

ポイント　労働組合の組織率の低下に関する認識を問う。識者によって様々な見解があるが、①非正規労働者の増加、②第三次産業化、③意識の変化、④ホワイトカラー化の進展といった理由を挙げることが多い。本問題ではウ.のような改正はないことから、解答は容易であろう。

文献としては、法政大学大原問題研究所編「日本労働年鑑　第 61 集」1991　労働旬報社参照。

解説

ア．正しい。非正規雇用労働者は、企業別組合の組織化の対象から外れていることが多い。

イ．正しい。産業構造の変化の影響である。

ウ．誤り。少なくとも選択肢のような法改正は、労組法制定以来現在に至るまでなされていない。

エ．正しい。労働者の意識の変化の背景には、組合員の価値観やニーズが多様化し、画一主義と統制主義を重視する労働組合の組織と活動がそれに対応できていないこと、職場の分散や勤務体制・時間帯の多様化、自分の時間の重視などにより、組合員がコミュニケーションを図り、まとまって組合活動に参加するのが難しくなりつつあること、組合の存在を感じることができないと感じる組合員が増えていることなどがあると考えられる。

| A ● 労使関係の概要　>　3 ● 集団的労使関係の基礎 |

2 ● 労働協約の定義・内容・効力等　　　テキスト第1章第3節

 解答　　　　　　　　　　　　　　　　　　

正解　エ

ポイント　労働協約の性質及び効力に関する正確な知識を問う。条文は少ないが、労働契約の要件、その効力は必須事項といえる。選択肢エ．は重要な判例。

解説
ア．正しい。選択肢のとおり（労組法第14条）。
イ．正しい。労働協約の締結に際して、当事者が強行法規又は公序良俗に反するような事項を協定しても無効である（労組法コメ p.618）。
ウ．正しい。松崎建設事件（東京高判昭和28年3月23日　労民集4巻3号 p.27）によれば、このような協約は、労働組合の協約締結権限の範囲外のものであるとされている。
エ．誤り。朝日火災海上保険（石堂）事件（最一小判平成9年3月27日　労判713号 p.27）によれば、組合員の労働条件を不利益に変更するものであるというだけでは、労働協約の規範的効力を否定することはできないと解し、その後の下級審判決もこれにならっている（菅野 p.875）。

A●労使関係の概要　＞　3●集団的労使関係の基礎

3●団体交渉の目的と当事者等

テキスト第1章第3節

問題12　解答

H27前

正解　ア

ポイント　使用者の団交応諾義務の内容及び範囲についての理解度を問う。裁判例を詳しく知る必要はないが、「労働条件に関する事項は団交事項」「使用者に団交応諾義務や誠実交渉義務がある」ことは常識として知っておいてほしい。

解説

ア．不適切。いわゆる「義務的団体交渉事項」とは、「労働者の労働条件その他の待遇や当該団体的労使関係の運営に関する事項であって、使用者に処分可能なもの」と解されているが、経営に関するものであっても、労働者の労働条件と関連する問題であれば、義務的団体交渉事項に含まれる。エス・ウント・エー事件（東京地判平成9年10月29日　労判725号 p.15）、本四海峡バス事件（神戸地判平成13年10月1日　労判820号 p.41）など。

イ．適切。選択肢のとおり。

ウ．適切。選択肢のとおり。

エ．適切。日本鋼管鶴見造船所事件（最三小判昭和61年7月15日　労判484号 p.21）参照。

A●労使関係の概要　＞　3●集団的労使関係の基礎

4●不当労働行為と労働組合への救済手続
テキスト第1章第3節

問題13 解答

正解　エ

ポイント　使用者の労働組合に対する適法な対応を問う。

解説

ア．該当しない。労組法第7条第3号。
イ．該当しない。労組法第7条第3号。
ウ．該当しない。昭和31年6月19日労収第1045号。
エ．該当する。労組法第7条第3号。

労務管理

A●労使関係の概要　＞　3●集団的労使関係の基礎

5●労働争議
テキスト第1章第3節

解答

H27前

正　解　イ

ポイント　前問に続き団体交渉に関する事項である。無組合企業であっても団交を申し入れられたときの基本的知識は不可欠である。

解　説

ア．誤り。交渉応諾義務がある。東洋鋼板事件中労委命令（昭和53年11月15日　不当労働行為事件命令集64集 p.777）ほか。

イ．正しい。誠実交渉義務がある。

ウ．誤り。要求応諾義務はない。池田電器事件（最二小判平成4年2月14日労判614号 p.6）。

エ．誤り。交渉行き詰まりによる交渉の打切り（決裂）は、誠実交渉義務違反にはならない（同上）。

解答・解説編

A●労使関係の概要 ＞ 3●集団的労使関係の基礎

6●労使協議制の目的・形態・運営等

テキスト第1章第3節

問題 15 解答

H27後

正解　エ

ポイント　労使協議制に関する基本的な知識を問う。労使協議制は労組法に規定はないが、多くの企業に導入されているため、位置づけなどについて理解しておくことが望まれる。

解説

ア．誤り。労使が話し合う機関として、労働組合が設置されていない企業も含めて、労使協議制は広く定着している。

イ．誤り。労使協議機関に関する法的定めはなく、労使間の取決めにより運営される。

ウ．誤り。団体交渉は争議権を背景としているが、労使協議制は付議事項に関する情報や労使の考え方を広く交換し、それに基づいて付議事項について協議し、問題の解決を図るものである。

エ．正しい。労使協議機関に付議する事業所割合が多い事項は、「経営の基本方針」（74.0％）、「生産、販売等の基本計画」（67.6％）、「会社組織機構の新設改廃」（67.0％）、「配置転換、出向」（66.1％）、「教育訓練計画」（64.2％）、「定年制・勤務延長・再雇用」（82.0％）、「労働時間・休日・休暇」（89.9％）、「賃金・一時金」（82.1％）、「職場の安全衛生」（86.8％）、「福利厚生・文化・体育・レジャー活動」（75.9％）などとなっており、経営・生産に関する事項から賃金・労働時間をはじめとした雇用・労働条件、福利厚生に関わる事項まで、幅広く含まれている（厚生労働省「平成21年労使コミュニケーション調査」）。

労務管理 3級

問題 16 解答

H28後

正解 ウ

ポイント 労使協議制に対する理解度を問う。

解説
ア．誤り。労組法では労使協議制に関する条項はない。
イ．誤り。労使が合意すれば、いかなる内容でも議論することができる。
ウ．正しい。同上。
エ．誤り。労使が合意すれば出席者は自由である。

A●労使関係の概要　＞　4●個別的労使関係と個別労働関係紛争対応の基礎

1●**労働契約の変化**　　　　　　　　　　　テキスト第1章第4節

 解答　　　　　　　　　　　　　　　　　

正　解　イ

ポイント　労契法に規定された労働契約の変更についての基本的な事項に関する知識を問う。

解　説

ア．正しい。選択肢のとおり（労契法第8条）。
イ．誤り。労働契約は、就業規則の基準を下回ることはできないということのみであり、就業規則より労働者に有利な変更は可能である（労契法第9条）。
ウ．正しい。選択肢のとおり（労契法第3条第1項）。
エ．正しい。選択肢のとおり（労契法第3条第3項）。

労務管理 3級

A●労使関係の概要　＞　4●個別的労使関係と個別労働関係紛争対応の基礎

2●労働契約の終了

テキスト第1章第4節

 解答

正　解　イ

ポイント　労働契約の終了は実務上非常に重要な部分であり、しっかり理解しておくことが望まれる。

解　説

ア．誤り。有期労働契約であっても契約期間途中での合意解約は禁止されていない。
イ．正しい。懲戒解雇には懲戒権濫用法理が適用される（労契法第15条、第16条）。
ウ．誤り。選択肢の解雇制限期間中は、労基法第19条第1項但書の除外事由がない限り、例えば、労働者の責に帰すべき事由がある場合でも一般に解雇することは許されない（労基法第19条第1項、労基法コメ上 p.280）。
エ．誤り。選択肢のケースでは、労働者は即時に労働契約を解除することができる（労基法第15条第2項）。

解答・解説編

A●労使関係の概要　＞　4●個別的労使関係と個別労働関係紛争対応の基礎

4●個別労働関係紛争と対応　　　テキスト第1章第4節

問題19　解答　　　　　　　　　　　　　　　　　　　　H27前

正解　エ

ポイント　個別労働紛争の全体像についての理解度を問う。

解説

ア．正しい。選択肢のとおり（個別労働紛争解決促進法第2条）。
イ．正しい。「平成26年度個別労働紛争解決制度施行状況」によると、あっせんの申請人は労働者が4,918件（98.2％）と大半を占め、事業主は81件（1.6％）、労使双方からの申請は11件（0.2％）であった。
　＊平成28年度は、あっせんの申請人は労働者が5,034件（98.3％）、事業主は80件（1.6％）、労使双方からの申請は9件（0.2％）と傾向は変わらない。
ウ．正しい。
エ．誤り。この制度は法違反の是正を図るために行われる行政指導とは異なり、紛争当事者に対して話合いによる解決を促すものである（個別労働紛争解決促進法第4条）。

問題20　解答　　　　　　　　　　　　　　　　　　　　H27後

正解　ウ

ポイント　個別労働紛争におけるあっせん制度の基礎知識を問う。

解説

ア．正しい。あっせん手続は非公開であり、紛争当事者のプライバシーは保護される（個別労働紛争解決促進法施行規則第14条）。
イ．正しい。あっせん手続では被申請人は参加を強制されない（個別労働紛争解決促進法施行規則第12条第1項第1号）。
ウ．誤り。解決の見込みがないと認めたときは、あっせんを打ち切ることができる（個別労働紛争解決促進法第15条）。

エ．正しい。都道府県労働局長はあっせんの申請があった場合において、当該個別労働関係紛争の解決のために必要があると認めるときは、紛争調整委員会にあっせんを行わせるものとする（個別労働紛争解決促進法第5条）。

問題21 解答

正解 イ

ポイント 個別労働紛争解決制度の基礎的知識を問う。

解説

ア．適切。選択肢のとおり（個別労働紛争解決促進法第4条第3項）。

イ．不適切。助言・指導は、行政指導とはおのずと性格が異なり、紛争当事者に対して話合いによる解決を促すものであって、一定の措置の実施を強制するものではない。

ウ．適切。選択肢のとおり（個別労働紛争解決促進法第3条）。

エ．適切。選択肢のとおり（厚生労働省「平成27年度個別労働紛争解決制度施行状況」）。

解答・解説編

B●就業管理の概要 ＞ 2●労働時間・休憩・休日の基礎

1●労働時間

テキスト第2章第2節

問題 **22** 解答

H26前

正　解　イ

ポイント　労働時間に関する基本的な用語の意味を問う。

解　説

ア．不適切。「労働」とは、一般的に使用者の指揮監督の下にあることをいい、必ずしも精神及び肉体を活動させていることを要件とはしていない（昭和33年10月11日基収第6286号）。

イ．適切。選択肢のとおり（昭和63年1月1日基発第1号）。

ウ．不適切。就業規則その他に別段の定めがない限り、日曜日から土曜日までをいう（昭和63年1月1日基発第1号）。

エ．不適切。1カ月単位の変形労働時間制の変形期間は、就業規則その他これに準ずるもの又は書面による協定により変形期間の長さとともに、その起算日を定める必要がある（労基則第12条の2）。

問題 **23** 解答

H27前

正　解　イ

ポイント　労働時間について基礎的事項を問う。

解　説

ア．誤り。法定労働時間は、1週間及び1日について定められているが、4週については定められていない（労基法第32条）。

イ．正しい。選択肢のとおり（労基法第32条第1項、昭和63年1月1日基発第1号）。

ウ．誤り。就業規則その他に別段の定めがない限り、日曜日から土曜日までのいわゆる暦週をいう（昭和63年1月1日基発第1号）。

エ．誤り。問題22エ．の解説参照。

120

労務管理 3級

問題 24 解答

H28後

正解 ア

ポイント 短時間労働者の時間外労働及び休日労働について、法定労働時間と所定労働時間、所定休日と法定休日の違いが実務面に則して理解できているかをみる。

解説

ア．不適切。所定外労働時間を超えて2時間は法定労働時間を超えていないから、割増賃金を支払う義務はない。選択肢では、割増賃金は8時間を超えて労働した1時間についてのみ支払えばよい（労基法第32条、第37条）。

イ．適切。設問で日曜日を法定休日と特定しているので、日曜日に労働させた場合には休日労働となるが、土曜日に労働させても休日労働とならない。したがって、このケースでは、休日労働に係る三六協定を締結する必要はない。

ウ．適切。設問で日曜日を法定休日と特定しているので、日曜日に労働をさせた場合の割増賃金は35％の割増率で計算しなければならない（労基法第37条第1項、割増賃金令）。土曜日に労働をさせた場合は、設問のケースでは、8時間以内であれば割増賃金を支払うことなく通常の労働の賃金を支払えば足りる。ただし、労働協約、就業規則等でその労働時間に対し選択肢の「土曜日に労働をさせた場合の割増賃金を25％の割増率で計算することができる。」等の別に定められた賃金額がある場合には、その別に定められた賃金額で差し支えない（昭和23年11月4日基発第1592号）。

エ．適切。使用者は、労働契約の締結に際し、労働者に対して一定の事項について記載した書面を交付することとされており、所定労働時間を超える労働の有無に関する事項は、法定の明示事項である（労基法第15条第1項、労基則第5条第1項）。

B●就業管理の概要　＞　２●労働時間・休憩・休日の基礎

２●休憩

テキスト第２章第２節

問題25　解答

H26後

正解　ア

ポイント　労基法第34条第１項に関連して、休憩時間の与え方を問う。

解説

ア．誤り。休憩時間は労働時間の途中に与えなければならないのであって、選択肢の終業時刻を繰り上げることは休憩を与えたこととはならない（労基法第34条第１項）。

イ．正しい。休憩時間は、労働時間の途中に規定の時間を与えなければならないのであって、休憩時間の置かれる位置は問わない（労基法第34条）。

ウ．正しい。実労働時間が６時間以下の場合は、休憩時間を与える必要がない（労基法第34条第１項）。

エ．正しい。労働時間が６時間超８時間以内の場合の休憩時間の最低付与時間は、45分間と定められている（労基法第34条第１項）。

問題26　解答

H27前

正解　イ

ポイント　休憩について基礎的事項を問う。

解説

ア．違反していない。選択肢では、労働時間が８時間を超えていないので、45分の休憩時間を労働時間の途中に与えていれば違反とはならない（労基法第34条）。

イ．違反している。休憩時間は労働時間の途中に与えなければならないのであって、選択肢の終業時刻を繰り上げることは休憩を与えたことにはならない（労基法第34条）。

ウ．違反していない。実労働時間が６時間以下の場合は、休憩時間を与える

必要がない（労基法第34条）。

エ．違反していない。休憩時間は、労働時間の途中に規定の時間を与えなければならないのであって、休憩時間の置かれる位置は問わない（労基法第34条）。

正解　ウ

ポイント　休憩について基礎的事項を問う。

解説

ア．違反しない。実労働時間が8時間を超えていないので、45分の休憩を与えれば足りる（労基法第34条）。

イ．違反しない。休憩時間は、労働時間の途中に規定の時間を与えなければならないのであって、休憩時間の置かれる位置は問わない（労基法第34条）。

ウ．違反する。休憩時間は労働時間の途中に与えなければならないのであって、終業時刻を繰り上げることは休憩を与えたことにはならない（労基法第34条）。

エ．違反しない。実労働時間が6時間以下の場合は、休憩時間を与える必要がない（労基法第34条）。

B●就業管理の概要　＞　2●労働時間・休憩・休日の基礎

3●休日

テキスト第2章第2節

 解答

 H26後

正解　ウ

ポイント　労基法に規定する法定休日について基礎的事項を問う。

解説

ア．適切。選択肢のとおり（昭和23年7月5日基発第968号、昭和63年3月14日基発第150号）。

イ．適切。選択肢のとおり（昭和23年4月5日基発第535号）。

ウ．不適切。法定休日について、休憩時間のように一斉に与えることは法律上要求されてはいない（昭和23年3月31日基発第513号）。

エ．適切。選択肢のとおり（昭和22年11月27日基発第401号、昭和63年3月14日基発第150号）。

問題29 解答　H27前

正解　エ

ポイント　休日の振替についての基礎知識を問う。

解説

ア．誤り。休日労働を行った後に、その代償としてその後の特定の労働日の労働義務を免除するという選択肢の制度は代休であり、休日の振替ではない（昭和23年4月19日基収第1397号、昭和63年3月14日基発第150号）。

イ．誤り。就業規則に定める休日の振替規定により休日を振り替える場合、当該休日は労働日となるので休日労働とはならない（昭和22年11月27日基発第401号、昭和63年3月14日基発第150号）ので、割増賃金の支払いは生じない。

ウ．誤り。振り替えるべき日については、振り替えられた日以降できる限り近接している日が望ましいとされているが、賃金計算期間内に行わねばな

労務管理 3級

らないという決まりはない（昭和23年7月5日基発第968号、昭和63年3月14日基発第150号）。
エ．正しい。選択肢のとおり（昭和23年7月5日基発第968号、昭和63年3月14日基発第150号）。

問題30 解答　H27後

正解　エ

ポイント　休日について基礎的事項を問う。

解説
ア．正しい。選択肢のとおり（労基法第35条）。
イ．正しい。選択肢のとおり（昭和23年4月5日基発第535号）。
ウ．正しい。休日の振替を必要とする場合、休日を振り替えることができる旨の規定を設ける必要がある（昭和23年4月19日基収第1397号、昭和63年3月14日基発第150号）。
エ．誤り。休日を振り替える前にあらかじめ振り替えるべき日を特定しておく必要がある（昭和23年7月31日基収第3786号、昭和23年7月5日基発968号、昭和63年3月14日基発第150号）。

125

解答・解説編

B●就業管理の概要　>　3●労働時間の弾力化に係る制度の種類・内容

1●変形労働時間制
テキスト第2章第3節

問題31 解答　H26後

正解　エ

ポイント　労基法第32条の2～第32条の5の変形労働時間制に関する基本的な理解度を問う。

解説
ア．正しい。選択肢のとおり。
イ．正しい。業務の繁閑に応じた労働時間の配分等を行うことによって労働時間を短縮することを目的としている（昭和63年1月1日基発第1号）。
ウ．正しい。平成25年就労条件総合調査によると、変形労働時間制を採用している企業割合は51.1％。平成29年就労条件総合調査では57.5％である。
エ．誤り。変形労働時間制を採用する場合であっても、三六協定を結べば法定休日労働をさせることができる。

問題32 解答　H27前

正解　ウ

ポイント　変形労働時間制の要件についての知識を問う。

解説
ア．正しい。選択肢のとおり（労基法第32条の5）。
イ．正しい。選択肢のとおり（労基法第32条の2）。
ウ．誤り。1日の労働時間の限度は10時間とし、1週間の所定労働時間は52時間と規定されている（労基法第32条の4第3項、労基則第12条の4第4項）。
エ．正しい。選択肢のとおり（労基則第12条の6）。

問題 33 解答

正解　ウ

ポイント　1カ月単位の変形労働時間制に関する理解度を問う。

解説

　1カ月単位の変形労働時間制は、労使協定又は就業規則その他これに準ずるものにおいて、変形期間を1カ月以内の期間とし、変形期間を平均し1週間あたりの労働時間が法定労働時間を超えない定めをしたときは、特定された週において又は特定された日においてそれぞれの法定労働時間を超えて労働させることができ（労基法第32条の2第1項）、この場合、変形期間における各日各週の労働時間を具体的に定めることを要する（昭和63年1月1日基発第1号、平成9年3月25日基発第195号、平成11年3月31日基発第168号）。

ア．誤り。
イ．誤り。
ウ．正しい。
エ．誤り。

解答・解説編

B●就業管理の概要　＞　3●労働時間の弾力化に係る制度の種類・内容

2●フレックスタイム制
テキスト第2章第3節

問題34 解答 H27前

正解　ア

ポイント　フレックスタイム制が「使用者にとって柔軟な」制度である等の誤解がないよう、フレックスタイム制の基本を問う。

解説
ア．正しい。選択肢のとおり（労基則第12条の3第3号）。
イ．誤り。コアタイムは法令上必ず設けなければならないものではない（労基則第12条の3第2号）。
ウ．誤り。フレックスタイム制の場合にも、使用者に労働時間の把握義務がある（昭和63年3月14日基発第150号、「労働時間の適正な把握のために使用者が講ずべき措置に関するガイドライン」（平成29年1月20日策定））。
エ．誤り。フレックスタイム制は、1カ月以内の総労働時間を定めておき、労働者がその範囲内で各日の始業及び終業の時刻を選択して働くことにより、労働者がその生活と業務との調和を図りながら効率的に働くことを可能とし、労働時間の短縮を図るものである（昭和63年1月1日基発第1号、平成11年3月31日基発第168号）。

問題35 解答 H28前

正解　ア

ポイント　フレックスタイム制に関する理解度を問う。

解説
ア．不適切。フレックスタイム制の場合にも、使用者に労働時間の把握義務がある（昭和63年3月14日基発第150号、「労働時間の適正な把握のために使用者が講ずべき措置に関するガイドライン」（平成29年1月20日策定））。
イ．適切。労基法第32条の3第2号。

ウ．適切。労基法第32条の３。
エ．適切。フレックスタイム制の労使協定では、フレックスタイム制をとる労働者の範囲を協定しなければならない（労基法第32条の３第１号）。労使協定では職種等によって対象となる労働者の範囲が明確に定められていれば足りる。労働者の範囲は、各事業場で任意に決められるから個人ごと、課ごと、グループごとあるいは事業場全体と様々な範囲をとることができる。

 解答

正解　ア

ポイント　フレックスタイム制に関する基本的な知識を問う。

解説
ア．不適切。届出は不要（労基法第32条の３）。
イ．適切。選択肢のとおり（昭和63年１月１日基発第１号、平成11年３月31日基発第168号）。
ウ．適切。フレックスタイム制を採用した場合に時間外労働となるのは、清算期間における法定労働時間の総枠を超えた時間である（昭和63年１月１日基発第１号、平成11年３月31日基発第168号）。なお、清算期間は1カ月以内の期間に限るものとされている（労基法第32条の３）。
エ．適切。労基法第32条の３第４号、労基則第12条の３。

解答・解説編

B●就業管理の概要　＞　３●労働時間の弾力化に係る制度の種類・内容

３●事業場外労働みなし労働時間制

テキスト第２章第３節

問題37 解答

H26前

正解　エ

ポイント　事業場外労働のみなし労働時間制に関する理解度を問う。

解説

ア．適切。労基法第38条の２。
イ．適切。労使協定で定める時間が法定労働時間を超える場合にのみ、届出が必要となる（労基則第24条の２第３項）。
ウ．適切。労基則第24条の２第１項。
エ．不適切。労使協定の締結にあたっては、事業場外労働のみなし労働時間制の対象労働者の意見を聴く機会が確保されることが望ましい（昭和63年１月１日基発第１号、昭和63年３月14日基発第150号、平成11年３月31日基発第168号）。

問題38 解答

H27後

正解　イ

ポイント　事業場外みなし労働について、①事業場外業務であること、②使用者の具体的な指揮監督の有無、③労働時間の算定が困難であることの有無のポイントを問う。

解説

ア．正しい。何人かのグループで事業場外労働に従事する場合で、そのメンバーの中に労働時間の管理をする者がいる場合には、事業場外みなし労働時間制は適用されない（労基法第38条の２、昭和63年１月１日基発第１号）。
イ．誤り。事業場内で業務に従事した時間は、別途把握しなければならない（労基法第38条の２、昭和63年３月14日基発第150号）。
ウ．正しい。無線等によって随時使用者の指示を受けながら事業場外で労働

労務管理 3級

している場合には、事業場外みなし労働時間制は適用されない（労基法第38条の2、昭和63年1月1日基発第1号）。

エ．正しい。事業場外労働のみなし労働時間制の対象となるのは、事業場外で業務に従事し、かつ、使用者の使用者の具体的な指揮監督が及ばず労働時間を算定することが困難な業務についてである（労基法第38条の2、昭和63年1月1日基発第1号）。

問題39 解答　H28前

正解　エ

ポイント　事業場外労働のみなし労働時間制に関する理解度を問う。

解説

ア．不適切。事業場外労働のみなし労働時間制を採用するだけであれば、労使協定の締結は義務づけられていない（労基法第38条の2）。

イ．不適切。労基則第24条の2。

ウ．不適切。1日の労働時間の全部を事業場外で業務に従事する場合だけでなく、1日の労働時間のうち一部を事業場外で業務に従事する場合でも、労働時間を算定することが困難な場合には適用することができる（労基法第38条の2）。

エ．適切。事業場外労働のみなし労働時間制の対象となるのは、事業場外で業務に従事し、かつ、使用者の具体的な指揮監督が及ばず労働時間を算定することが困難な業務についてである（昭和63年1月1日基発第1号）。

B●就業管理の概要　＞　3●労働時間の弾力化に係る制度の種類・内容

4●裁量労働制

テキスト第2章第3節

問題40　解答

H26後

正解　イ

ポイント　裁量労働制についての正しい知識を問う。

解説

ア．正しい（労基法第38条の3第1項、労基則第24条2の2、平成9年労働省告示第7号、平成14年厚生労働省告示第22号）。

イ．誤り。専門業務型裁量労働制においても、苦情の処理に関する措置を講じなければならない（労基法第38条の3第1項第5号）。

ウ．正しい。選択肢のとおり（労基法第38条の4第1項第1号）。

エ．正しい。「対象業務を適切に遂行するための知識、経験等を有する労働者」の範囲は、対象業務ごとに異なるが、例えば、大学の学部を卒業した労働者であってまったく職務経験がないものは、客観的にみて対象労働者に該当し得ず、少なくとも3年ないし5年程度の職務経験を経たうえで、対象業務を適切に遂行するための知識、経験等を有する労働者であるかどうかの判断の対象となり得るものであることに留意することが必要である（「労働基準法第38条の4第1項の規定により同項第1号の業務に従事する労働者の適正な労働条件の確保を図るための指針」（平成11年労働省告示第149号）第3-2-(2)、労基法第38条の4第1項第2号）。

問題41　解答

H27前

正解　ウ

ポイント　専門業務型裁量労働制に関する理解度を問う。

解説

ア．適用できる。労基則第24条の2の2。

イ．適用できる。労基則第24条の2の2、平成9年2月14日労働省告示第7

号。
ウ．適用できない。プログラマーは、専門業務型裁量労働制の対象とならない（労基則第24条の2の2、平成9年2月14日労働省告示第7号）。
エ．適用できる。労基則第24条の2の2、平成9年2月14日労働省告示第7号。

解答・解説編

B●就業管理の概要　＞　4●労働時間等の適用除外対象者の種類・内容

2●農業および畜産、養蚕、水産の事業の従事者　テキスト第2章第4節

解答　

正　解　イ

ポイント　労基法第41条第1号に規定される労働時間等が適用除外となる事業についての基本的知識を問う。

解　説

ア．正しい。労基法第41条別表第1第6号。
イ．誤り。平成5年の労基法改正により林業は第41条第1号の規定から除外され、労働時間、休憩及び休日に関する規定が適用されることとなった（労基法第41条）。
ウ．正しい。労基法第41条別表第1第7号。
エ．正しい。労基法第41条別表第1第7号。

労務管理 3級

B●就業管理の概要　＞　4●労働時間等の適用除外対象者の種類・内容

3●監督または管理の地位にある者

テキスト第2章第4節

問題 **43** 解答

H26後

正　解　ア

ポイント　労基法第41条に規定する「管理監督者」について基礎的事項を問う。

解　説

ア．適切。労基法第41条は、労基法第4章、第6章及び第6章の2で定める労働時間、休憩及び休日の規定を除外しているものであり、労基法第39条の年次有給休暇に関する規定が除外されるものではない。

イ．不適切。管理監督者とは、一般的には、部長、工場長等労働条件の決定その他労務管理について経営者と一体的な立場にある者の意であり、名称にとらわれず、実態に即して判断すべきものとしている（昭和22年9月13日発基第17号、昭和63年3月14日基発第150号）。したがって、企業が人事管理上あるいは営業政策上の必要等から任命する職制上の役付者であれば全てが管理監督者として認められるわけではない。

ウ．不適切。管理監督者の判断にあたっては賃金等の待遇面についても無視し得ないとされ、この場合、定期給与である基本給、役付手当等において、その地位にふさわしい待遇がなされているか否か、ボーナス等の一時金の支給率、その算定基礎賃金等についても役付者以外の一般労働者に比し優遇措置が講じられているか否か等について留意する必要がある（昭和22年9月13日発基第17号、昭和63年3月14日基発第150号）。

エ．不適切。安全管理者が管理監督者に該当するか否かは、個々の当該管理者の労働の態様により判定されるべきものである（昭和23年12月3日発収第3271号）。

問題44 解答

正解 ウ

ポイント 労基法第41条の監督又は管理の地位にある者の範囲と適用除外となる基本的事項について、理解しているかを問う。

解説

ア．誤り。管理監督者の判定にあたって、実態に基づく判断のほかに、待遇面でも管理監督者にふさわしいかを勘案するが、管理監督者手当あるいはそれに準じる手当を支給しなければならないと規定しているわけではない（昭和22年9月13日発基第17号、昭和63年3月14日基発第150号）。

イ．誤り。管理監督者は、労働時間、休憩及び休日に関する規定は適用しないとされている（労基法第41条）。しかし、深夜業については適用しないと規定されておらず、深夜業に従事した場合には深夜割増賃金を支給しなければならない。

ウ．正しい。出退勤の時間管理をしたうえで遅刻や早退の控除を行うことは、労基法第41条でいう労働時間に関する規定を適用しない管理監督者として遇していないことであり、管理監督者として認められない。

エ．誤り。イ．と同様に、年次有給休暇について適用しないと規定されておらず、管理監督者といえども年次有給休暇は付与しなければならない。

労務管理 3級

B●就業管理の概要 ＞ 5●時間外・休日労働、深夜労働の基礎

1●**時間外・休日労働**　　　　　　　　　　　　　　　　テキスト第2章第5節

問題 45 解答　　　　　　　　　　　　　　　　　　　　　H27前

正　解　　エ

ポイント　　時間外労働の基礎を問う。

解　説

ア．正しい。選択肢のとおり（昭和63年3月14日基発第150号、平成11年3月31日基発第168号）。

イ．正しい。選択肢のとおり（労基法第33条第1項、労基則第13条）。

ウ．正しい。年少者（満18歳未満の者）にも法定労働時間が適用されるが、三六協定による時間外・休日労働の規定は適用されない（労基法第60条第1項）。

エ．誤り。1日について2時間を超えてならない（労基法第36条第1項但書）。

B●就業管理の概要　＞　5●時間外・休日労働、深夜労働の基礎

2●災害等による臨時の必要がある場合の時間外・休日労働　テキスト第2章第5節

問題46 解答　　　　　　　　　　　　　　　　　　　　　　　　H24後

正解　ウ

ポイント　災害、臨時の必要がある場合の時間外労働に関する理解度を問う。

解説

ア．あてはまる。労基法第33条第2項（昭和22年9月13日発基第17号）。
イ．あてはまる。労基法第33条第2項（昭和22年9月13日発基第17号）。
ウ．あてはまらない。労基法第33条第2項（昭和22年9月13日発基第17号）。
エ．あてはまる。労基法第33条第2項（昭和22年9月13日発基第17号）。

労務管理 3級

B●就業管理の概要　＞　5●時間外・休日労働、深夜労働の基礎

3●三六協定による時間外・休日労働
テキスト第2章第5節

問題 47 解答

H24前

正解 ア

ポイント 時間外労働、三六協定に関する基礎を問う。

解説

ア．誤り。3カ月の時間外労働の延長の限度時間は120時間である。

イ．正しい。選択肢のとおり。

ウ．正しい。選択肢のとおり（「労働基準法第36条第1項の協定で定める労働時間の延長の限度等に関する基準」（平成10年労働省告示第154号、平成21年厚生労働省告示第316号）第3条第1項）。

エ．正しい。選択肢のとおり（「労働基準法第36条第1項の協定で定める労働時間の延長の限度等に関する基準」第1条）。

問題 48 解答

H26前

正解 ウ

ポイント 時間外労働・休日労働についての幅広い知識を問う。

解説

ア．適切。時間外・休日労働時間が月45時間を超えて長くなるほど、業務と脳・心臓疾患の発症との関連性が強まるとの医学的知見が得られているので、事業者には、時間外・休日労働時間を削減することが求められている。①限度基準に適合した三六協定を締結するよう努めること。②特別条項付き協定の場合は、特別の事情が臨時的なものに限るとされていることに留意すること。さらに月45時間を超えて時間外労働をさせることが可能である場合であっても、実際の時間を45時間以下とするよう努めること（「過重労働による健康障害防止のための総合対策について」平成18年3月17日基発第0317008号）。

139

イ．適切。三六協定は、所轄労働基準監督署長に届け出なければその効力は生じない（労基法第36条）。
ウ．不適切。法定休日に休日労働した労働者に対して、代休を与える法律上の義務はない（昭和23年4月9日基収第1004号、昭和63年3月14日基発第150号、平成11年3月31日基発第168号）。
エ．適切。選択肢のとおり（労基法第36条第1項但書）。

労務管理 3級

B●就業管理の概要　＞　5●時間外・休日労働、深夜労働の基礎

5● 割増賃金の算定基礎賃金　　　テキスト第2章第5節

問題49 解答　H24前

正解　ア

ポイント　割増賃金の算定に関する基礎的知識を問う。

解説

ア．誤り。代替休暇は1カ月60時間を超える時間外労働に対してのみ認められる（労基法第37条第1項、第3項）。

イ．正しい。選択肢のとおり（労基法第37条第5項、労基則第19条第1項第4号）。

ウ．正しい。選択肢のとおり（労基法第37条第5項、労基則第19条第1項第6号）。

エ．正しい。常に労働者の不利となるものではなく、事務簡略を目的としたものと認められるから労基法第24条及び第37条違反として取り扱わない（昭和63年3月14日基発第150号）。

問題50 解答　H28前

正解　エ

ポイント　時間外労働として取り扱うべき労働時間、その他時間外労働の基礎的な知識の理解度を問う。

解説

ア．誤り。労基法第32条及び第37条の定めにより、「休憩時間を除き」1日について8時間を超えて労働させた場合には、その時間が時間外労働となる。

イ．誤り。1日の労働時間が8時間を超えない限り、労基法第37条に定める時間外労働割増賃金を支払う義務はない（労基法第32条、第37条）。選択肢の場合、所定労働時間を超えた1時間分の賃金については、通常の賃金

141

を支払えば足りる。ただし、労使で特段の定めをした場合は、その定めによる（昭和23年11月4日基発第1592号）。
ウ．誤り。法定労働時間を超える労働の有無にかかわらず、労働条件通知書において所定労働時間を超える労働の有無を明記しなければならない（労基法第15条、労基則第5条第1項第2号）。
エ．正しい。労基法第33条第1項の非常災害時に休日労働をさせた場合にも、割増賃金の支払い義務は免除されない（労基法第37条）。

労務管理 ③級

B●就業管理の概要 ＞ 5●時間外・休日労働、深夜労働の基礎

6●時間外・休日労働と割増賃金
テキスト第2章第5節

問題 **51** 解答　　　　　　　　　　　　　　　　　　　　　　　H26前

正　解　ア

ポイント　時間外労働、休日労働及び深夜労働に係る割増賃金率の基礎についての理解度を問う。

解　説

ア．不適切。当該延長して労働させた時間が1カ月について60時間を超えた場合においては、その超えた時間の労働について、通常の労働時間の賃金の計算額の50％以上の率で計算した割増賃金を支払わなければならない（労基法第37条第1項）。

イ．適切。労基法の基準に達しない労働条件を定める労働契約は、その部分については無効となり、無効となった部分は、労基法の定める基準による（労基法第13条、第37条第1項）。

　また、労使合意のうえで割増賃金を支払わない申し合わせをしても、労基法第37条に抵触するので無効である（昭和24年1月10日基収第68号）。

ウ．適切。8時間を超えても深夜労働に該当しない限り、3割5分増で差し支えない（昭和22年11月21日基発第366号、昭和33年2月13日基発第90号、平成6年3月31日基発第181号、平成11年3月31日基発第168号）。

エ．適切。選択肢のとおり（平成21年5月29日基発第0529001号）。

問題 **52** 解答　　　　　　　　　　　　　　　　　　　　　　　H26後

正　解　ウ

ポイント　休日労働と割増賃金、非常災害等について、基礎的な理解度を問う。

解　説

ア．誤り。代休を与える法律上の義務はない（昭和23年4月9日基収第1004

号、昭和63年3月14日基発第150号、平成11年3月31日基発第168号)。
イ．誤り。代休を付与する場合であっても、休日労働割増賃金の支払い義務が免除されることはない。
ウ．正しい。選択肢のとおり（昭和23年4月5日基発第537号、昭和63年3月14日基発第150号）。
エ．誤り。労基法第33条第1項の非常災害時に休日労働をさせた場合にも、割増賃金の支払い義務は免除されない（労基法第37条）。

 解答

正 解 ウ

ポイント 労働時間に係る使用者の把握義務、労働時間となるものならないもの、割増賃金の支払い等、労働時間の適正な把握のために使用者が講ずべき措置についての理解度を問う。

解 説
ア．正しい。「労働時間の適正な把握のために使用者が講じるべき措置に関する基準について」（平成13年4月6日基発第339号別添）、「労働時間の適正な把握のために使用者が講ずべき措置に関するガイドライン」（平成29年1月20日策定）。
イ．正しい。選択肢のとおり（昭和22年11月21日基発第366号、昭和33年2月13日基発第90号）。
ウ．誤り。安衛法第59条及び第60条の安全衛生教育の実施に要する時間は労働時間と解されるので、当該教育が法定時間外に行われた場合には、当然割増賃金が支払わなければならない（昭和47年9月18日基発第602号）。
エ．正しい。選択肢のとおり（労基法第108条、労基則第54条第1項第6号）。

労務管理 3級

B●就業管理の概要　＞　5●時間外・休日労働、深夜労働の基礎

7● 深夜労働

テキスト第2章第5節

問題 54 解答

H24前

正解　エ

ポイント　深夜労働の基礎を問う。

解説

ア．正しい。選択肢のとおり（労基法第61条第1項）。
イ．正しい。休日労働が法定労働時間を超えても、時間外労働割増賃金の加算をしなくても差し支えない（昭和33年11月21日基発第366号、昭和33年2月13日基発第90号、平成6年3月31日基発第181号、平成11年3月31日基発第168号）が、深夜労働割増賃金の加算は必要である。
ウ．正しい。選択肢のとおり（労基法第37条第4項）。
エ．誤り。労基法上、深夜労働をさせるにあたって労使協定を締結することについては、何ら規定されていない。

問題 55 解答

H28後

正解　イ

ポイント　深夜労働に関する問題点を問う。

解説

ア．適切。選択肢のとおり（労基法第61条第1項）。
イ．不適切。通常の労働時間に深夜労働が含まれている場合には、25％増しの深夜労働割増賃金を支払えば足りる（労基法37条第4項）。選択肢には、時間外労働の存在は記されていないから、時間外割増賃金を加算する必要はない。
ウ．適切。選択肢のとおり。使用者は、賃金台帳を事業場ごとに調整し、使用している全ての労働者について、労働者ごとに賃金支払いのつど、遅滞なく記入しなければならない。賃金台帳の記載すべき事項は、労基則第54

145

条で定められており、深夜労働させた場合には、同条第1項第6号に基づいて深夜労働時間数を記入しなければならない（労基法第108条、労基則第54条第1項第6号）。

エ．適切。選択肢のとおり。ただし、事業の正常な運営を妨げるものとされる次に掲げる労働者は、請求できない（育児・介護休業法第19条第1項）。
①その事業主に継続して雇用された期間が1年に満たない労働者
②深夜においてその子を常態として保育できる同居の家族がいる労働者
③1週間の所定労働日数が2日以下の労働者
④所定労働時間の全部が深夜にある労働者

労務管理 3級

B●就業管理の概要　＞　6●休暇の基礎

1●休暇とは何か

テキスト第2章第6節

解答

H28前

正　解　　エ

ポイント　休暇・休業の基礎的知識を問う。

解　説

ア．適切。選択肢のとおり。

イ．適切。選択肢のとおり。

ウ．適切。選択肢のとおり（労基法第65条第1項）。

エ．不適切。法定の休暇ではない。業務外の傷病で就労できない場合に付与される病気休暇は、使用者が任意に設けた法定外の休暇である。

解答・解説編

B●就業管理の概要 ＞ 6●休暇の基礎

2●年次有給休暇
テキスト第2章第6節

問題57 解答
H26前

正解 イ

ポイント 年次有給休暇の基本的事項についての知識を問う。

解説
ア．適切。選択肢のとおり（労基法第39条第8号）。
イ．不適切。労基法第39条第2項の要件を満たした場合には、定められた日数の全てを付与しなくてはならない。
ウ．適切。選択肢のとおり（平成3年12月20日基発第712号）。
エ．適切。ただし、退職と再雇用との間に相当期間があり、客観的に労使関係が断続していると認められる場合はこの限りでない（労基法第39条第1項、第2項、昭和63年3月14日基発第150号）。

問題58 解答
H26後

正解 ウ

ポイント 年次有給休暇の発生要件及び付与日数について、実務上問題となりやすい事柄に対する理解度を問う。

解説
ア．正しい。1週間の所定労働日数が5日の場合、通常の労働者と同じ日数の年次有給休暇を与えなければならない（労基法第39条第1項、第3項、労基則第24条の3）。
イ．正しい。選択肢のとおり（労基法第39条第1項、第3項、労基則第24条の3第1項、第3項、第4項）。
ウ．誤り。期間を定めて雇用される労働者であっても、発生の要件を満たせば期間の定めのない労働者と同一の日数の年次有給休暇が付与される（労基法第39条第1項）。

労務管理 3級

エ．正しい。ただし、退職と再雇用との間に相当期間があり、客観的に労使関係が断続していると認められる場合はこの限りでない（労基法第39条第1項、第2項、昭和63年3月14日基発第150号）。

 解答

正解 ア

ポイント 年次有給休暇の要件について基本的な理解度を問う。

解説

ア．正しい。平成6年1月4日基発第1号、平成11年3月31日基発第168号。

イ．誤り。継続勤務とは、労働契約の存続期間、すなわち在籍期間をいう。継続勤務か否かについては、勤務の実態に即し実質的に判断すべきものであり、臨時工、パート等を正規職員に切り替えた場合を含むものであること。この場合、実質的に労働関係が継続している限り勤務年数に通算する（昭和63年3月14日基発第150号）。

ウ．誤り。年次有給休暇は6カ月間継続勤務し、定められている労働日の8割以上出勤して初めて取得できるが、年次有給休暇の申請先は雇用関係のある派遣元事業主である（労基法第39条、労働者派遣法第44条）。

エ．誤り。試用期間も年次有給休暇の発生要件に含めて考える（昭和63年3月14日基発第150号）。

解答・解説編

B ● 就業管理の概要 ＞ 6 ● 休暇の基礎

3 ● その他の法定休暇
テキスト第2章第6節

問題 60 解答　　　　　　　　　　　　　　　　　H27前

正 解　イ

ポイント　休暇等に関する横断的理解度を問う。

解 説

ア．正しい。選択肢のとおり（育児・介護休業法第16条の2）。

イ．誤り。慶弔休暇は法定外休暇であるから、有給とするか無給とするかは自由に設定できる。

ウ．正しい。裁判員の職務は「公の職務」に該当し、使用者は、その職務執行のための必要な時間を請求されたときは、拒むことはできない（労基法第7条、平成17年9月30日基発第6号）。

エ．正しい。選択肢のとおり（昭和23年5月5日基発第682号、昭和63年3月14日基発第150号）。

問題 61 解答　　　　　　　　　　　　　　　　　H28前

正 解　イ

ポイント　休暇全般を中心に横断的な項目の基礎的事項も織り込みつつ、その理解度を問う。

解 説

ア．適切。夏季休暇、年末年始休暇、慶弔休暇等法定外の特別休暇についても就業規則の絶対的必要記載事項である（労基法第89条第1項）。

イ．不適切。賃金の支払い義務はない。労働契約、労働協約又は就業規則で定めるところによって支給しても、しなくても差し支えない（労基法第68条、昭和23年6月11日基収第1898号、昭和63年3月14日基発第150号）。

ウ．適切。選択肢のとおり（労基法第67条）。

エ．適切。選択肢のとおり。労基法第41条各号のいずれかに該当する労働者

が適用の除外を受けるのは、第4章、第6章及び第6章の2で定める労働時間、休憩及び休日に関する規定である（労基法第41条、労基法コメ下p.622）。

問題62 解答

正解 ウ

ポイント 休暇等に関する横断的理解度を問う。

解説
ア．適切。選択肢のとおり（育児・介護休業法第16条の2）。
イ．適切。事業主は、厚生労働省令で定めるところにより、その雇用する女性労働者が母子保健法の規定による保健指導又は健康診査を受けるために必要な時間を確保することができるようにしなければならない（男女雇用機会均等法第12条、同法規則第2条の3）。
ウ．不適切。「法令に根拠を有する公職の選挙権及び被選挙権」は、公民としての権利行使に該当する（昭和63年3月14日基発第150号）ので、労働者が労働時間中に被選挙権を行使するために必要な時間を請求した場合においては、拒んではならない（労基法第7条）。
エ．適切。選択肢のとおり（昭和23年5月5日基発第682号、昭和63年3月14日基発第150号）。

解答・解説編

B●就業管理の概要 ＞ 7●有期契約労働者の雇用・就業管理

2●有期契約労働者の契約期間の管理　　テキスト第2章第7節

 解答　　　　　　　　　　　　　　　　　　　H26前

正解　イ

ポイント　平成24年に改正された労契法の改正内容に関する知識と理解度を問う。

解説

ア．適切。労契法第19条。
イ．不適切。現行法上有期労働契約の締結それ自体は禁止されておらず、労働契約の期間の設定の有無は、当事者の合意にゆだねられる。
ウ．適切。労契法第18条。
エ．適切。労契法第20条。

 解答　　　　　　　　　　　　　　　　　　

正解　イ

ポイント　有期労働契約についての、労基法、労契法の規定の基礎的知識を問う。

解説

ア．正しい。選択肢のとおり（労契法第20条）。
イ．誤り。労働契約は期間の定めのないものを除き、一定の事業の完了に必要な期間を定めるもののほかは、3年を超える期間について締結することはできない。ただし、選択肢の満60歳以上の労働者との間に締結される労働契約については、5年を超える期間について締結することはできない（労基法第14条第1項第2号）。
ウ．正しい。選択肢のとおり（労基法第14条第2項）。
エ．正しい。選択肢のとおり（労契法第17条第2項）。

労務管理 3級

B●就業管理の概要 ＞ 8●パートタイム労働者の雇用・就業管理

2●パートタイム労働者の雇用管理の改善
テキスト第2章第8節

問題65 解答
H27後

正解 ウ

ポイント パートタイム労働者の雇用管理についての基礎知識を問う。

解説

ア．誤り。雇用契約期間と1週間あたりの労働時間に応じて、健康診断を実施するか否かが決まる。次の①、②のいずれかの要件を満たすパートタイム労働者は、常時使用する労働者として健康診断を実施しなければならない（平成19年10月1日基発第1001016号）。

①期間の定めのない契約により使用される者であること。なお、期間の定めのある契約により使用される者であっても、更新により1年以上使用されることが予定されている者、及び更新により1年以上使用されている者（なお、安衛則第45条の特定業務従事者健診の対象となる場合は、6カ月以上使用されることが予定されている者、及び更新により6カ月以上使用されている者）であること。

②当該労働者の1週間の労働時間数が当該事業場において同種の業務に従事する通常の労働者の1週間の所定労働時間数の4分の3以上であること。

イ．誤り。生理休暇は適用される（労基法第68条）。

ウ．正しい。適用除外となる者は次のとおりである（雇用保険法第6条）。

① 65歳に達した日以後新たに雇用される者

＊雇用保険の適用除外となっていた65歳以上の雇用者についても、平成29年1月1日以降、雇用保険の適用の対象となった。また、平成32年度より、64歳以上の者についての雇用保険料の徴収が始まる。

② 1週間の所定労働時間が20時間未満である者

③同一の事業主の適用事業に継続して31日以上雇用されることが見込まれない者

上記の適用除外要件のいずれにも該当しないので、当然に被保険者とな

153

る。
エ．誤り。6カ月契約で雇用されている労働者は、3日分の子の看護休暇を取得できるとする取扱いは、法の定める最低基準を満たさないため違法である（「育児・介護休業法の施行について」平成21年12月28日職発第1228第4号・雇児発第1228第2号）。

問題66 解答　H28前

正解　ウ

ポイント　パートタイム労働者の雇用管理に関する基本知識を問う。

解説
ア．誤り。問題65ア．の解説参照。
イ．誤り。相談窓口を設置しなくてはならない（パート法第6条）。
ウ．正しい。通常の労働者の募集を行う場合において、当該募集に係る事業所に掲示すること等により、その者が従事すべき業務の内容、賃金、労働時間その他の当該募集に係る事項を当該事業所において雇用する短時間労働者に周知すること（パート法第13条）。
エ．誤り。産前産後休業は、雇用形態に関係なく、パートタイム労働者にも与えられる（労基法第65条）。

●参考文献等
・「短時間労働者の雇用管理の改善等に関する法律の一部を改正する法律の施行について」（平成19年10月1日基発第1001016号、職発第1001002号、能発第1001001号、雇児発第1001002号）

労務管理 3級

B●就業管理の概要 ＞ 9●派遣労働者の雇用・就業管理

1●労働者派遣とは何か

テキスト第2章第9節

問題 67 解答

H26後

正解 ウ

ポイント 派遣労働者に関する基本的事項について問う。

解説

ア．誤り。派遣労働者の賃金は、使用者である派遣元事業主が支払い義務を負う（労基法第24条）。
イ．誤り。派遣労働者についての三六協定は、派遣元事業主のものが適用される（労基法第36条第2項、労働者派遣法第44条）。
ウ．正しい。選択肢のとおり（安衛法第59条第1項、労働者派遣法第45条）。
エ．誤り。一般健康診断は、派遣元事業主が実施する（安衛法第66条第1項、労働者派遣法第45条）。

問題 68 解答

H28前

正解 ウ

ポイント 派遣労働者の就業に関する法律の理解度を問う。

解説

ア．適切。選択肢のとおり（「派遣先指針」第2−18−(1)）。
イ．適切。派遣先事業主は、事業所等における組織単位ごとの業務について、派遣元事業主から3年を超える期間継続して同一の派遣労働者に係る労働者派遣の役務の提供を受けてはならない（労働者派遣法第40条の2第2項、「派遣先指針」第2−14）。
ウ．不適切。派遣元事業主に義務がある。派遣元事業主は、その雇用する派遣労働者の就業の状況等を踏まえ、労働・社会保険の適用手続を適切に進め、労働・社会保険に加入する必要がある派遣労働者については、加入させてから労働者派遣を行うこととされている（「派遣元指針」第2−4）。

解答・解説編

　　また、派遣先事業主は、労働・社会保険に加入する必要がある派遣労働者については、労働・社会保険に加入している派遣労働者（派遣元事業主が新規に雇用した派遣労働者であって、当該派遣先への労働者派遣の開始後速やかに労働・社会保険への加入手続が行われるものを含む）を受け入れるべきであり、派遣元事業主から派遣労働者が労働・社会保険に加入していない理由の通知を受けた場合において、当該理由が適正でないと考えられる場合には、派遣元事業主に対し、当該派遣労働者を労働・社会保険に加入させてから派遣するよう求めることとされている（「派遣先指針」第2－8）。

エ．適切。派遣先・派遣元双方に義務がある（労働者派遣法第47条の2）。

労務管理 3級

B●就業管理の概要　＞　9●派遣労働者の雇用・就業管理

5●派遣労働者を受け入れる際の留意点　　　テキスト第2章第9節

問題69 解答

H27前

正　解　ア

ポイント　派遣社員の就業に関する法律の理解度を問う。

解　説

ア．誤り。派遣元で締結された三六協定を守らなければならない（労基法第36条第2項、労働者派遣法第44条）。

イ．正しい。派遣先は、その指揮命令の下に労働させている派遣労働者について、派遣就業が適正かつ円滑に行われるようにするため、セクシュアルハラスメントの防止等適切な就業環境の維持、その雇用する労働者が通常利用している診療所、給食施設等の施設の利用に関する便宜を図るように努めなければならない（労働者派遣法第47条の2、「派遣先指針」第2－9－（1））。

ウ．正しい。派遣先は、派遣元事業主が行う教育訓練や派遣労働者の自主的な能力開発等の派遣労働者の教育訓練・能力開発について、可能な限り協力するほか、必要に応じた教育訓練に係る便宜を図るように努めなければならないこと（「派遣先指針」第2－9－（2））。

エ．正しい。派遣先は、紹介予定派遣の場合を除き、派遣元事業主が当該派遣先の指揮命令の下に就業させようとする労働者について、労働者派遣に先立って、面接すること、派遣に対して当該労働者に係る履歴書を送付させることのほか、若年者に限ることとすること等派遣労働者を特定することを目的とする行為を行わないこと（労働者派遣法第26条第7項、「派遣先指針」第2－3）。

B●就業管理の概要 ＞ 10●男女雇用機会均等法

2●性別を理由とする差別の禁止
テキスト第2章第10節

問題70 解答

H28後

正解 ウ

ポイント 男女雇用機会均等法の基本的な知識を問う。

解説

ア．正しい。男女雇用機会均等法における「労働者」とは、雇用されて働く者をいい、求職者を含むものである（平成18年10月11日雇児発第1011002号 第1−2−（2））。

イ．正しい。選択肢の措置は、男女雇用機会均等法第8条に定める雇用の分野における男女の均等な機会及び待遇の確保の支障となっている事情を改善することを目的とする措置（ポジティブ・アクション）として、同法第5条及び第6条の規定に違反することとはならない（男女雇用機会均等法第8条、「労働者に対する性別を理由とする差別の禁止等に関する規定に定める事項に関し、事業主が適切に対処するための指針」（平成18年厚生労働省告示第614号）第2−14−（1）イ）。

ウ．誤り。労働者の募集・採用にあたって、転居を伴う転勤に応じることができることを要件とする場合、業務の遂行上特に必要であるというような合理的な理由がなければ、男女雇用機会均等法に違反する。広域にわたり展開する支店、支社等がなく、かつ支店・支社等を広域にわたり展開する計画等もない場合には、合理的理由がないとみなされる（同法第7条）。

エ．正しい。派遣元事業主は、派遣先との間で労働者派遣契約を締結するにあたっては、職業安定法第3条の規定を遵守するとともに、派遣労働者の性別を労働者派遣契約に記載し、かつ、これに基づき当該派遣労働者を当該派遣先に派遣してはならない（「派遣元指針」第2−11−（2））。

B●就業管理の概要　>　11●妊産婦等の就業管理

3●妊産婦等の休暇・休業

テキスト第2章第11節

解答

H27後

正　解　　ウ

ポイント　妊娠・出産にまつわる措置や休業に関する知識を問う。

解　説

ア．正しい。選択肢のとおり（男女雇用機会均等法第12条）。
イ．正しい。育児休業の再度の取得の特例。いわゆるパパ休暇である（育児・介護休業法第5条）。
ウ．誤り。産前産後休業の取得には、勤続年数の要件はない。
エ．正しい。休職により労働業務がない日について、年次有給休暇を請求する余地はない（昭和24年12月28日基発第1456号、昭和31年2月13日基収第489号、平成3年12月20日基発第712号）。

B●就業管理の概要　＞　12●育児・介護にかかわる者の就業管理

1●育児休業制度の概要

テキスト第2章第12節

問題 72 解答

H29前

正解　エ

ポイント　様々な育児休業に対する理解度を問う。

解説

ア．正しい。両親ともに育児休業をする場合の特例。いわゆるパパ・ママ育休プラスである（育児・介護休業法第9条の2）。

イ．正しい。育児休業の再度の取得の特例。いわゆるパパ休暇である（育児・介護休業法第5条第2項かっこ書）。

ウ．正しい。選択肢のとおり。なお、平成29年10月1日以降は、1歳6カ月以降も申し込んだ保育所に空きがない場合等には、事業主に申し出ることにより、その子が2歳に達するまで育児休業をすることができる（育児・介護休業法第5条第3項、同法規則第6条第1号）。

エ．誤り。有期労働者は、1年以上の雇用実績と1歳到達日から1年以上の雇用見込みが原則として必要である（育児・介護休業法第5条第1項）。

労務管理 ③級

B●就業管理の概要 > 14●高年齢者の雇用・就業管理

2●定年と高齢者雇用確保措置
テキスト第2章第14節

問題73 解答
H24前

正解 イ

ポイント 高年齢者雇用確保措置のための諸制度の基本的な知識を問う。

解説

ア．正しい。選択肢のとおり（高年齢者雇用安定法第9条）。

イ．誤り。継続雇用制度を導入する場合には、希望者全員を対象とする制度とする。「会社が必要と認める者」「上司の推薦がある者」などの基準は、法の趣旨を没却してしまうことになり、認められない。

　なお、心身の故障のため業務に堪えられないと認められること、勤務状況が著しく不良で引き続き従業員としての職責を果たし得ないこと等就業規則に定める解雇事由又は退職事由（年齢に係るものを除く）に該当する場合には、継続雇用しないことができる。

　ただし、継続雇用しないことについては、客観的に合理的な理由があり、社会通念上相当であることが求められると考えられることに留意する（高年齢者雇用安定法第9条第1項第2号、「高年齢者雇用確保措置の実施及び運用に関する指針」（平成24年11月9日厚生労働省告示第560号））。

ウ．正しい。選択肢のとおり（「65歳までの雇用を進めるために」東京労働局）。

エ．正しい。高年齢者雇用安定法の改正により平成18年4月1日から、65歳未満の定年の定めをしている事業主は、上記選択肢ア．に示された高年齢者雇用措置のいずれかの措置を講じなければならないこととなった。その際、事業主が定年の引上げ又は雇用継続制度を導入した場合の雇用を確保すべき年齢については、年金制度改革による厚生年金の支給開始年齢の段階的な引上げに合わせて、平成25年度までに段階的に引き上げられることとなった。最終的に事業主が雇用を確保すべき年齢は、平成25年4月1日から65歳である（高年齢者雇用安定法附則第3条）。

161

正解 イ

ポイント 高年齢者雇用確保措置の基本的な理解度を問う。

解説

ア．適切。選択肢のとおり（高年齢者雇用安定法第9条）。

イ．不適切。引上げは男性の特例支給の老齢厚生年金支給開始年齢と合わせているので、平成25（2013）年度が正しい。

ウ．適切。選択肢のとおり。なお、改正法の施行の際（平成25年4月1日現在）、既に労使協定により、継続雇用制度の対象となる高年齢者に係る基準を定めている事業主は、改正法附則第3項の規定に基づき、当該基準の対象者の年齢を平成37年3月31日まで段階的に引き上げながら、当該基準を定めてこれを用いることができる（「高年齢者雇用確保措置の実施及び運用に関する指針」（平成24年11月9日厚生労働省告示第560号））。

エ．適切。定年年齢を設定したまま、退職という形をとらずに引き続き雇用する「勤務延長制度」と、定年でいったん退職という形をとったあとで、再び雇用する「再雇用制度」の2つがある（「65歳までの雇用を進めるために」東京労働局）。

労務管理 3級

B●就業管理の概要　>　15●障害者の雇用・就業管理

1●障害者の雇用・就業管理（実務担当者として知っておくべきこと）　テキスト第2章第15節

問題 75 解答　H27後

正解　ア

ポイント　障害者雇用促進法の基本的な知識を問う。

解説

ア．誤り。身体障害、知的障害、精神障害（発達障害を含む）その他心身の機能の障害があるため、長期にわたり職業生活に相当程度制限を受ける者又は職業生活を営むことが困難な者をいう（障害者雇用促進法第2条第1号）。

イ．正しい。選択肢のとおり（障害者雇用促進法附則第5条第2項）。

ウ．正しい。障害者雇用納付金制度は、法定雇用率が未達成の事業主（常時雇用している労働者が100人を超える事業主）から障害者雇用納付金を徴収するとともに、その納付金を財源として、法定雇用率を達成している事業主に対して障害者雇用調整金、報奨金、在宅就業障害者特例調整金、在宅就業障害者特例報奨金及び各種助成金の支給を行っている（納付金については障害者雇用促進法第54条、第55条、調整金については同法第50条、報奨金については同法附則第4条第2項、第3項）。

エ．正しい。選択肢のとおり（障害者雇用促進法第46条）。

B ● 就業管理の概要 > 15 ● 障害者の雇用・就業管理

3 ● 雇用義務制度

テキスト第2章第15節

問題 76 解答

H26後

正解 イ

ポイント 障害者の人事管理について基本的なことを問う。

解説

ア．正しい。選択肢のとおり（障害者雇用促進法第43条第7項、同規則第8条）。

イ．誤り。出題当時の一般事業主の法定雇用率は、2.0％である。なお、一般事業主の法定雇用率は、平成30年4月1日より2.2％に、平成33年4月までに2.3％に引き上げられる（障害者雇用促進法第43条第2項、同施行令第9条）。

ウ．正しい。選択肢のとおり。

エ．正しい。平成25年10月の平均賃金をみると、身体障害者は22万3千円（前回は25万4千円）、知的障害者は10万8千円（同11万8千円）、精神障害者は15万9千円（同12万9千円）となっている（厚生労働省「平成25年度障害者雇用実態調査の結果」平成26年）。

問題 77 解答

H27前

正解 ア

ポイント 障害者の雇用率に関する知識を問う。

解説

ア．正しい。選択肢のとおり（障害者雇用促進法第43条第7項、同規則第8条）。

イ．誤り。出題当時の一般事業主の法定雇用率は、2.0％である。なお、一般事業主の法定雇用率は、平成30年4月1日より2.2％に、平成33年4月までに2.3％に引き上げられる（障害者雇用促進法第43条第2項、同法施

行令第 9 条)。
ウ．誤り。障害者雇用率制度において障害者の法定雇用率は、個々の事業主（企業）ごとに義務づけられている。しかし、障害者雇用率算定の特例として、特定子会社制度や企業グループ算定特例、事業協同組合等算定特例の各制度がある（障害者雇用促進法第44条、第45条）。

　特例子会社制度は、障害者の雇用の促進及び安定を図るため、事業主が障害者の雇用に特別の配慮をした子会社を設立し、一定の要件を満たす場合には、その子会社に雇用されている労働者を親会社に雇用されているものとみなして、実雇用率を算定できることとしている。

エ．誤り。身体障害者、知的障害者だけでなく、精神障害者も含まれる（障害者雇用促進法第 2 条第 1 号）。

B●就業管理の概要　＞　16●外国人労働者の雇用・就業管理

3●入国管理法制と在留資格
テキスト第2章第16節

問題 78 解答　　　　　　　　　　　　　　　　　　　　H28前

正解　イ

ポイント　日本に入国した外国人のうち、就労できる在留資格について問う。いずれも入管法別表第一による。

解説
ア．就労できる。資格外活動許可を得ている在留資格「家族滞在」で在留している外国人は入国管理局が示している条件（週28時間）まで就労できる。
イ．就労できない。在留資格「短期滞在」で在留している者は、就労することができない。
ウ．就労できる。在留資格「日本人の配偶者等」は就労制限のない在留資格である。
エ．就労できる。ワーキングホリデー制度による入国者の在留資格は「特定活動」で、就労することができる。

B●就業管理の概要　＞　16●外国人労働者の雇用・就業管理

4●実務担当者として注意すべきこと
テキスト第2章第16節

解答

H26後

正解　ア

ポイント　外国人の就業管理に関する基本的な知識を問う。

解説

ア．適切。選択肢のとおり（労基法第3条）。

イ．不適切。日本国内の事業場で使用（雇用）される労働者であれば、国籍を問わず労働災害補償保険は適用される（労災法第3条、労基法第9条）。

ウ．不適切。労働者数にかかわらず、全ての事業主に報告の義務がある（雇用対策法第28条）。

エ．不適切。不法就労外国人であることを知りながら雇用した場合には罰せられるが、知りえなかった場合には処罰されることはない。ただし、不法就労であることをはっきり認識していなくても、状況からみてその可能性があるにもかかわらず、確認をせずにあえて雇用するような場合には、処罰されることがある（入管法第73条の2）。

解答・解説編

C●安全衛生・福利厚生の概要　＞　1●労働安全衛生管理の基礎

3●安全衛生管理体制
テキスト第3章第1章

問題80　解答　H28前

正解　ア

ポイント　総括安全衛生管理者に関する知識を問う。

解説

ア．誤り。本選択肢は、「統括安全衛生責任者」を選任すべき事業についての記述である（安衛法第15条、安衛令第7条第1項、第2項第2号）。

イ．正しい。安衛法第10条第2項。なお、第2項の「事業の実施を統括管理する者」とは、工場長、作業所長等名称の如何を問わず当該事業所における事業の実施について実質的に統括管理する権限および責任を有する者をいうものであること（昭和47年9月18日基発第602号）。

ウ．正しい。安衛則第2条第2項に基づき、様式第3号（総括安全衛生管理者・安全管理者・衛生管理者・産業医選任報告）による報告書を所轄労働基準監督署長へ提出しなければならない。

エ．正しい。選択肢のとおり（安衛則第3条）。

問題81　解答　H26後

正解　エ

ポイント　安衛法に規定されている安全衛生管理体制の基本的な事項についての知識を問う。

解説

ア．誤り。総括安全衛生管理者の選任は、業種と労働者数によって異なり、林業、鉱業、建設業及び清掃業では100人以上、製造業等では300人以上、その他の業種では1,000人以上になっている（安衛法第10条、安衛令第2条）。

イ．誤り。産業医は、50人以上の全ての事業場で選任義務がある（安衛法第

13条、安衛令第5条)。
ウ．誤り。安全委員会は、事業者（関係請負人を含まない）に設置が義務づけられており、建設工事現場の場合には、労働者が50人以上のところの事業者がそれぞれ設置する義務がある（安衛法第17条、安衛令第8条）。
エ．正しい。選択肢のとおり（安衛法第11条、安衛令第3条）。

問題 82 解答　　　　　　　　　　　　　　　　　　　H27後

正解　ウ

ポイント　産業医に関する知識を問う。

解説

ア．正しい。選択肢のとおり（安衛法第13条、安衛則第13条）。
イ．正しい。産業医の選任義務のない常時50人未満の労働者を使用する事業場の事業者は、都道府県の区域の一部の地域内の医師会に委託して行う、地域産業保健センター事業の利用に努めることとしている（安衛則第15条の2）。
ウ．誤り。専属の者を選任しなければならないのは、常時1,000人以上の労働者を使用する事業場、又は一定の危険有害な業務に常時500人以上の労働者を従事させる事業場であり、これに該当しない事業場では、専属の者であることは要件とされていない（安衛則第13条第1項）。
エ．正しい。産業医は、少なくとも毎月1回作業場を巡視し、作業方法又は衛生状態に有害のおそれがあるときは、ただちに、労働者の健康障害を防止するため必要な措置を講じなければならない。事業者は、産業医にそれをなし得る権限を与えなければならない（安衛則第15条）。

問題 83 解答

正解 イ

ポイント 安全衛生管理体制のうち、衛生委員会の要件についての基礎的な知識を問う。

解説
ア．正しい。選択肢のとおり（安衛法第18条、安衛令第9条）。
イ．誤り。産業医のうちから事業者が指名した者を委員としなければならない（安衛法第18条第2項第3号）。
ウ．正しい。選択肢のとおり（安衛則第23条第1項）。
エ．正しい。選択肢のとおり（安衛則第23条第3項）。

労務管理 3級

C●安全衛生・福利厚生の概要　>　1●労働安全衛生管理の基礎

6● **労働災害の防止**　　　　　　　　　　テキスト第3章第1節

 解答

正　解　イ

ポイント　労働災害の防止に関する基本的事項を問う。

解　説

ア．適切。安衛法第24条。例えば、重量物運搬の際に発生する腰痛症のように労働者の作業行動による災害を防止するため、必要な措置を事業者に義務づけている。

イ．不適切。建設業その他安衛令第9条の2で定められた仕事を行う事業者は、爆発、火災等が生じたことに伴い労働者の救護に関する措置がとられる場合における労働災害の発生を防止するため、労働者の救護に関し必要な機械等の備付け及び管理その他の措置を講じなくてはならない（安衛法第25条の2第1項）。しかし、製造業は対象となっていない。

ウ．適切。特定元方事業者は、その労働者及び関係請負人の労働者の作業が同一の場所において行われることによって生ずる労働災害を防止するため、協議組織の設置及び運営を行うことその他必要な措置を講じなければならない（安衛法第30条第1項）。

エ．適切。事業者は、厚生労働省令で定めるところにより、建設物、設備、原材料、ガス、蒸気、粉じん等による、又は作業行動その他業務に起因する危険性又は有害性等を調査し、その結果に基づいて、この法律又はこれに基づく命令の規定による措置を講ずるほか、労働者の危険又は健康障害を防止するため必要な措置を講ずるように努めなければならない（安衛法第28条の2第1項）。

問題 85 解答　H27前

正解　ウ

ポイント　労働災害の基礎としての用語の理解度を問う。

解説

ア．適切。「労働者の就業に係る建設物、設備、原材料、ガス、蒸気、粉じん等により、又は作業行動その他業務に起因して、労働者が負傷し、疾病にかかり、又は死亡することをいう」（安衛法第 2 条第 1 号）。

イ．適切。選択肢のとおり（中央労働災害防止協会編「ゼロ災運動推進者ハンドブック」p.11）。

ウ．不適切。災害調査は、発生した災害の災害発生状況等について事実調査を行うとともに問題点を把握し、災害防止に役立てることを目的としている。災害調査は、災害発生の真実を追求することが大切であって、関係者の責任追及をすることが目的ではない。

エ．適切。選択肢のとおり（労働省労働衛生課編「労働衛生用語辞典」中央労働災害防止協会）。

C●安全衛生・福利厚生の概要　＞　1●労働安全衛生管理の基礎

7●労働安全衛生マネジメントシステム（OSHMS）

テキスト第3章第1節

 解答

正解　ウ

ポイント　危険性又は有害性等の調査等において、リスクの見積もりに基づき実施するリスク低減措置を検討する際の、優先順位及び優先度に応じたリスク低減措置の実施について、その理解度を問う。

解説

　リスク低減措置の検討及びリスク低減措置の実施の優先順位については、まず、法令に定められた事項を必ず実施すべきである。それとともに、次に掲げる優先順位でリスク低減措置内容を検討のうえ、実施することとしている（「危険性又は有害性等の調査等に関する指針」（平成18年3月10日公示第1号）10 –（1））。

①危険な作業の廃止・変更等、設計や計画の段階から労働者の就業に係る危険性又は有害性を除去又は低減する措置
②インターロック、局所排気装置等の設置等の工学的対策
③マニュアルの整備等の管理的対策
④個人用保護具の使用

ア．不適切。
イ．不適切。
ウ．適切。
エ．不適切。

解答・解説編

問題 87 解答　　　　　　　　　　　　　　　　H28後

正解 ア

ポイント　OSHMSは労働安全衛生管理を継続的に推進するための基本的な手法であり、その理解度を問う。

解説

ア．不適切。ラインの管理監督者ではなく、経営者や事業場のトップである（「労働安全衛生マネジメントシステムに関する指針」（以下、本解説では「指針」という）第5条）。

イ．適切。事業場でOSHMSを実施する場合には、厚生労働省から示されているOSHMS指針に従って仕組みを整備し、運用することが必要である。OSHMSの実施方法は、次のとおりである。

①　事業者が安全衛生方針を表明する（「指針」第5条）

②　建設物、設備、原材料、作業方法等の危険性又は有害性などを調査し、その結果を踏まえ、労働者の危険又は健康障害を防止するために必要な措置を決定する（「指針」第10条）

③　安全衛生方針に基づき、安全衛生目標を設定する（「指針」第11条）

④　②の実施事項と③の安全衛生目標等に基づき、安全衛生計画を作成する（「指針」第12条）

⑤　安全衛生計画を適切、かつ、継続的に実施する（「指針」第13条）

⑥　安全衛生計画の実施状況等の日常的な点検及び改善を行う（「指針」第15条）

⑦　定期的に労働安全衛生マネジメントシステムについて監査や見直しを行い、点検及び改善を行う（「指針」第17条）

⑧　①～⑦を繰り返して、継続的（PDCAサイクル）に実施する（「指針」第18条）

ウ．適切。リスクアセスメントは、OSHMSの手順のうちの1つである。建設物、設備、原材料、作業方法等の危険性又は有害性などを調査し、その結果を踏まえ、労働者の危険又は健康障害を防止するために必要な措置を決定する（「指針」第10条、図参照）。

174

図　労働安全衛生マネジメントシステムの概要

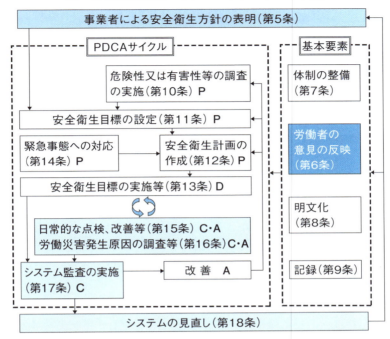

出所：厚生労働省「職場の安全サイト」→安全衛生キーワード→労働安全衛生マネジメントシステム

エ．適切。「指針」第8条は、OSHMSの主要な事項について文書により定めること（文書化という）を規定し、また、当該文書についてはこれを適切に管理することを規定したものである。その意義としては、手順を文書化することにより、安全衛生管理者等関係者に人事異動があっても、後任の者等に確実にその内容が継承され、OSHMSを適切に実施・運用することができる。

●参考文献等
・厚生労働省「労働安全衛生マネジメントシステムに関する指針」（平成11年労働省告示第53号、改正：平成18年3月10日厚生労働省告示第113号）
・中央労働災害防止協会編「労働衛生のしおり」（毎年8月発行）
・厚生労働省安全課監修「厚生労働省指針に対応した労働安全衛生マネジメントシステム　システム担当者の実務」中央労働災害防止協会

解答・解説編

C●安全衛生・福利厚生の概要　＞　２●健康管理・メンタルヘルスの基礎

1●労働衛生の３管理

テキスト第３章第２節

問題88 解答

H27前

正解　イ

ポイント　職場環境管理の基礎知識を問う。

解説

ア．正しい。事業者は、粉じん障害防止規則第25条の屋内作業場について、６カ月以内ごとに１回、定期に、当該作業場における空気中の粉じんの濃度を測定しなければならない（粉じん障害防止規則第26条第１項）。事業者は、同規則第26条第１項から第３項までの規定による測定を行ったときは、その都度、所定の事項を記録して、これを７年間保存しなければならない（同条第８項）。

イ．誤り。事業者は、石綿等を取り扱う作業場について、６カ月以内ごとに一回、定期に、石綿の空気中における濃度を測定し、その都度次の事項を記録し、これを40年間保存しなければならない（石綿障害予防規則第36条）。

ウ．正しい。事業者は、中央管理方式の空気調和設備を設けている建築物の室で事務所の用に供されている室について、原則として２カ月以内ごとに１回、定期に、一酸化炭素及び二酸化炭素の含有率、室温及び外気温、相対湿度を測定しなければならない（事務所衛生基準規則第７条第１項）。事業者は、この測定を行ったときは、その都度所定の事項を記録して、これを３年間保存しなければならない（同条第２項）。

エ．正しい。事業者は、有機溶剤中毒予防規則第28条第１項の業務を行う屋内作業について、６カ月以内ごとに１回、定期に、当該有機溶剤の濃度を測定しなければならない（有機溶剤中毒予防規則第28条第２項）。事業者は、この測定を行ったときは、その都度所定の事項を記録して、これを３年間保存しなければならない（同条第３項）。

労務管理 3級

解答

H28後

正解 イ

ポイント 労働衛生管理の中核である衛生管理者についての基本知識を問う

解説

ア．正しい。業種にかかわらず、事業者は、常時50人以上の労働者を使用する事業場ごとに衛生管理者を選任しなければならない（安衛法第12条第1項、安衛令第4条）。

イ．誤り。衛生管理者の選任は、衛生管理者を選任すべき事由が発生した日から14日以内に選任しなければならない（安衛則第7条第1項）。

ウ．正しい。衛生管理者は、少なくとも毎週1回作業場等を巡視し、設備、作業方法又は衛生状態に有害のおそれがあるときは、直ちに、労働者の健康障害を防止するため必要な措置を講じなければならない（安衛則第11条第1項）。

エ．正しい。常時1,000人を超える労働者を使用する事業場にあっては、衛生管理者のうち少なくとも一人を専任の衛生管理者とすることと規定されている（安衛則第7条第5項）。

解答・解説編

C●安全衛生・福利厚生の概要　＞　2●健康管理・メンタルヘルスの基礎

2● 各種健康診断の実施

テキスト第3章第2節

問題 90 解答

H26前

正解　エ

ポイント　企業における従業員の健康管理の基礎知識を問う。

解説

ア．適切。「労働衛生のしおり」（中央労働災害防止協会）によると、年別健康診断結果（定期健康診断及び特殊健康診断の有所見率）は、次表のとおりである。

＊「労働衛生のしおり」は、厚生労働省・中央労働災害防止協会が主唱者となって毎年実施する、全国労働衛生週間（10月1日～10月7日）の実効をあげるために、全国労働衛生週間実施要綱に基づき、労働衛生管理に関する最新情報を収録して、毎年8月に発行される。

有 所 見 率

（単位：％）

平　　成	24年	25年	26年	27年	28年
定期健康診断	52.7	53.0	53.2	53.6	53.8
特殊健康診断	6.3	6.0	5.8	5.7	5.7

イ．適切。選択肢のとおり（安衛法第66条の6）。
ウ．適切。選択肢のとおり（安衛則第45条の2）。
エ．不適切。産業保健師選任の法的義務づけはなく、選任義務があるのは「産業医」（安衛法第13条）である。

労務管理 3級

問題 91 解答 H27前

正解 イ
ポイント 健康管理の基礎的な知識を問う。
解説
ア．正しい。安衛則第44条第1項第4号に規定されている。
イ．誤り。安衛則第44条第1項には規定されていない。
ウ．正しい。安衛則第44条第1項第9号に規定されている。
エ．正しい。安衛則第44条第1項第7号に規定されている。

問題 92 解答 H27後

正解 エ
ポイント 定期健康診断に関する知識を問う。
解説
　定期健康診断項目は、安衛則第44条第1項に規定されているが、同条第2項により医師の判断で省略することができる基準が定められている。その項目のうちで40歳以上の者に対して医師の判断により省略することのできない（必ず実施しなければならない）項目は、腹囲の検査、胸部エックス線検査、貧血検査、肝機能検査、血中脂質検査、血糖検査及び心電図検査である。なお、これらの項目は安衛則第44条第1項に規定された第1号から第11号までの項目をいうのではなく、各号の個々の項目をいうものであることに注意が必要である。

ア．定められている。血圧の測定は、年齢にかかわらず医師の判断により省略することができないので、必ず実施しなければならない。
イ．定められている。肝機能検査は、40歳以上の者について、医師の判断により省略することはできない。
ウ．定められている。腹囲の検査は、40歳以上の者について、医師の判断に

より省略することはできない。

エ．定められていない。便潜血の検査は、安衛法に基づく定期健康診断の検査項目とはなっていない。

　　ちなみに、便潜血の検査は、主に、大腸以後の消化管で出血しているのかどうかをみることにより大腸がん等の疾病の発見を目的としており、定期健康診断の任意の付加検査項目として実施されたり、人間ドックなどで実施される。

労務管理 3級

C●安全衛生・福利厚生の概要　＞　2●健康管理・メンタルヘルスの基礎

6●職場におけるメンタルヘルスケア

テキスト第3章第2節

問題 93 解答

H27前

正　解　イ

ポイント　メンタルヘルス対策における管理監督者の役割についての基礎知識理解度を問う。

解　説

ア．正しい。管理監督者は「いつもと違う」と感じた部下の話を聴き、産業医のところへ行かせる、あるいは管理監督者自身が産業医のところに相談に行く仕組みを事業場の中に作っておくことが望まれる。

イ．誤り。自分の考えや意見を出さず、まずは積極的に話を聞くことが重要である。

ウ．正しい。職場復帰に関しては、元の職場（休職が始まったときの職場）へ復帰させることが多い。これは、たとえ、より好ましい職場への配置転換や異動であったとしても、新しい環境への適応には、ある程度の時間と心理的負担を要するため、そこで生じた負担が疾患の再燃・再発に結びつく可能性が指摘されているからである。

エ．正しい。選択肢のとおり。

●参考文献等
・厚生労働省、独立行政法人労働者健康福祉機構「職場における　心の健康づくり―労働者の心の健康の保持増進のための指針―」
・厚生労働省「心の健康問題により休業した労働者の職場復帰の支援の手引き―メンタルヘルス対策における職場復帰支援―」

解答・解説編

問題 94 解答　　　　　　　　　　　　　　　　　　　　H27後

正　解　イ

ポイント　我が国で大きな問題となっている自殺についての基礎知識を問う。

解　説

ア．正しい。「自殺の状況」（内閣府自殺対策推進室・警察庁生活安全局生活安全企画課）によると自殺者数の経年推移は、次表のとおりである。

＊平成28〜29年は、厚生労働省自殺対策推進室・警察庁生活安全局生活安全企画課「自殺の状況」による。

自殺者数の経年推移

（単位：人）

平　成	21年	22年	23年	24年	25年	26年	27年	28年	29年
自殺者数	32,845	31,690	30,651	27,858	27,283	25,427	24,025	21,897	21,321

イ．誤り。自殺者の労災認定は自殺した場所ではなく、業務上の心理的負荷、業務外の心理的負荷、個体側の要因を総合的の評価し、決定される（「心理的負荷による精神障害の認定基準」（平成23年12月26日基発第1226第1号））。

ウ．正しい。前掲ア．「自殺の状況」によると自殺原因の経年推移は、次表のとおりである。

自殺原因の経年推移

（単位：人）

	原因・動機特定者の原因・動機別						
	健康問題	経済・生活問題	家庭問題	勤務問題	男女問題	学校問題	その他
平成25年	13,680	4,636	3,930	2,323	912	375	1,462
26年	12,920	4,144	3,644	2,227	875	372	1,351
27年	12,145	4,082	3,641	2,159	801	384	1,342
28年	11,014	3,522	3,337	1,978	764	319	1,148

注）遺書等の自殺を裏付ける資料により明らかに推定できる原因・動機を自殺者一人につき3つまで計上可能としている。

エ．正しい。「自殺は孤立の病であると指摘した精神科医もいるほどです。

未婚の人、離婚した人、配偶者と死別した人は、結婚していて家庭を持っている人に比べて、自殺率が3倍以上も高くなります。職場でも家庭でも居場所がなく、問題を抱えているのに、サポートが得られない状況でしばしば自殺は生じます。単身赴任で、そばに家族がいないために、変調に気づかれず、自殺が突然起きるという状況もめずらしくありません」(「職場における自殺の予防と対応」中央労働災害防止協会　p.25)。

●参考文献等
・厚生労働省「職場における自殺の予防と対応(2009年版)」中央労働災害防止協会
・内閣府自殺対策推進室、警察庁生活安全局生活安全企画課「自殺の状況」(毎年3月発表)(平成29年3月発表の28年度分は厚生労働省自殺対策推進室、警察庁生活安全局生活安全企画課)

問題95 解答　H28前

正解　イ

ポイント　最近のメンタルヘルス知識を確認する基本を問う。

解説

ア．正しい。問題94ア．の解説参照。

イ．誤り。「平成27年中における自殺の状況」(内閣府自殺対策推進室　警察庁生活安全局生活安全企画課)によると、自殺の原因・動機が明らかなもののうち、その原因・動機が「健康問題」にあるものが12,145人で最も多く、次いで「経済・生活問題」(4,082人)、「家庭問題」(3,641人)、「勤務問題」(2,159人)の順となっており、この順位は前年と同じである。問題94ウ．の解説参照。

ウ．正しい。平成26年度「過労死等の労災補償状況」(厚生労働省)によると、精神障害に関する事案の労災補償状況についての請求件数は1,456件で前年度比47件の増となり、支給決定件数は497件(うち未遂を含む自殺99件)で前年度比61件の増であった。

　また、平成28年度「過労死等の労災補償状況」では、精神障害に関する事案の労災補償状況について請求件数は1,586件で前年度比71件の増とな

り、うち未遂を含む自殺件数は前年度比1件減の198件であった。支給決定件数については498件で前年度比26件の増となり、うち未遂を含む自殺の件数は前年度比9件減の84件であった。

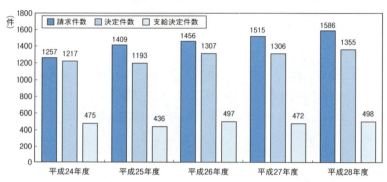

精神障害の請求、決定及び支給決定件数の推移

出所：厚生労働省　平成28年度「過労死等の労災補償状況」別添資料2より

エ．正しい。現在の仕事や職業生活に関することで強い不安、悩み、ストレスとなっていると感じる事柄がある労働者の割合は52.3％（平成24年調査60.9％）となっている。その内容（3つ以内の複数回答）をみると、「仕事の質・量」（65.3％）が最も多く、次いで「仕事の失敗、責任の発生等」（36.6％）となっている（厚生労働省「平成25年 労働安全衛生調査（実態調査）」）。

労務管理 3級

C●安全衛生・福利厚生の概要 ＞ 2●健康管理・メンタルヘルスの基礎

7●過重労働による健康障害防止
テキスト第3章第2節

問題 96 解答

 H28前

正 解 エ

ポイント 長時間労働者への医師による面接指導制度に係る適切な知識と理解度を問う。

解 説

ア．適切。選択肢のとおり（安衛法第66条の8、安衛則第52条の2、第52条の3）。

イ．適切。選択肢のとおり（安衛法第66条の8、安衛則第52条の7）。

ウ．適切。面接指導は、50人未満の事業場について平成20年3月31日までは猶予されていたが、平成20年4月1日より事業場の規模にかかわらず適用となっている（安衛法第68条の8、平成18年2月24日基発第0224003号）。

エ．不適切。面接指導を受ける必要がないと医師が認めたものを除く（安衛則第52条の2）。

解答・解説編

C●安全衛生・福利厚生の概要 ＞ 3●福利厚生の基礎

1●わが国の福利厚生制度

テキスト第3章第3節

問題97 解答
H27前

正解 エ

ポイント 福利厚生管理の基礎的知識、理解度をみる。

解説
ア．適切。福利厚生には、公的な社会保障システムの一翼を担う法定福利厚生と、労働者の生活保障、人材確保、労使関係の安定等を図るために行う法定外福利厚生がある。これら法定福利厚生と法定外福利厚生の調和をとった制度を立案し、運用することが福利厚生管理である。
   http://www.jil.go.jp/rodoqa/10_hoken/10-Q01.html
イ．適切。
ウ．適切。労契法第20条。「法第20条の『労働条件』には、賃金や労働時間等の狭義の労働条件のみならず、労働契約の内容となっている災害補償、服務規律、教育訓練、付随義務、福利厚生等労働者に対する一切の待遇を包含するものであること」(「労働契約法の施行について」平成24年8月10日基発第0810第2号)。
エ．不適切。第一に人材確保機能を重視し、生活保障機能と労使関係安定化機能がそれに次ぐというのが、現状の法定外福利厚生の目的の構成である。上記URLも同旨。

問題98 解答

正解 ウ

ポイント 福利厚生管理の基礎的知識、理解度をみる。

解説
ア．正しい。法定外福利厚生である。
イ．正しい。法定外福利厚生である。

ウ．誤り。法定の福利厚生である。被保険者及び被保険者を使用する事業主は、それぞれ保険料額の2分の1を負担する（健康保険法第161条）。被保険者及び被保険者を使用する事業主は、それぞれ保険料の半額を負担する（厚生年金保険法第82条）。
エ．正しい。法定外福利厚生である（財形法第6条の2）。

正解 ア

ポイント 福利厚生施設の、短時間労働者への配慮義務を問う。

解説
　パート法第12条で定める福利厚生施設として、給食施設、休憩室、更衣室が列記されている（パート法規則第5条）。
ア．正しい。事業主は、通常の労働者に対して利用の機会を与える福利厚生施設であって、厚生労働省令で定める給食施設、休憩室、更衣室については、その雇用する短時間労働者に対しても、利用の機会を与えるように配慮しなければならない（パート法第12条、同法規則第5条）。
イ．誤り。保育室ではなく、正しくは休憩室。
ウ．誤り。運動施設ではなく、正しくは給食施設。
エ．誤り。レクリエーション施設ではなく、正しくは更衣室。

解答・解説編

C ● 安全衛生・福利厚生の概要 > 3 ● 福利厚生の基礎

5 ● 法定外福利厚生　　　テキスト第3章第3節

問題 100 解答　　H28後

正解　ア

ポイント　法定外福利費と福利厚生の給与化について、基本的傾向を問う。

解説

ア．誤り。従来日本企業の特徴の1つとして、従業員定着のための住宅手当・家賃補助などの法定外の福利厚生の充実があげられる。平成19年就労条件総合調査によれば、「住宅手当・家賃補助」は調査企業計48.4％が導入しており、30人～99人規模の企業でも44.6％が導入している。

イ．正しい。日本経団連「福利厚生費調査」1955～2013年。なお、2016年第60回「福利厚生費調査」では4.5％である。

ウ．正しい。日本経団連「福利厚生費調査」2002～2013年。なお、2016年第60回「福利厚生費調査」ではヘルスケアサポートは増加傾向としている。

エ．正しい。独立行政法人労働政策研究・研修機構の調査によれば、第4回調査（2004年実施）では選択肢につき「そう思う」＋「どちらかといえばそう思う」の計は60.8％。第6回調査（2012年実施）では68.2％に上昇している。

ビジネス・キャリア®検定試験 過去問題集 解説付き

BUSINESS CAREER

労務管理 2級

問題及び解説文中、次のものは略称で記載されています。

●法律（五十音順）
・育児休業、介護休業等育児又は家族介護を行う労働者の福祉に関する法律　→　育児・介護休業法
・健康保険法　→　健保法
・厚生年金保険法　→　厚年法
・高年齢者等の雇用の安定等に関する法律　→　高年齢者雇用安定法
・個別労働関係紛争の解決の促進に関する法律　→　個別労働紛争解決促進法
・雇用の分野における男女の均等な機会及び待遇の確保に関する法律　→　男女雇用機会均等法
・裁判員の参加する刑事裁判に関する法律　→　裁判員法
・出入国管理及び難民認定法　→　入管法
・障害者の雇用の促進等に関する法律　→　障害者雇用促進法
・精神保健及び精神障害者福祉に関する法律　→　精神保健法
・専門的知識等を有する有期雇用労働者等に関する特別措置法　→　有期雇用特別措置法
・短時間労働者の雇用管理の改善等に関する法律　→　パート法
・労働安全衛生規則　→　安衛則
・労働安全衛生法　→　安衛法
・労働安全衛生法施行令　→　安衛令
・労働基準法　→　労基法
・労働基準法施行規則　→　労基則
・労働組合法　→　労組法
・労働契約法　→　労契法
・労働者災害補償保険法　→　労災法
・労働者派遣事業の適正な運営の確保及び派遣労働者の保護等に関する法律　→　労働者派遣法

○○法施行規則　→　○○法規則

●指針
・雇用の分野における障害者と障害者でない者との均等な機会若しくは待遇の確保又は障害者である労働者の有する能力の有効な発揮の支障となっている事情を改善するために事業主が講ずべき措置に関する指針（平成27年3月25日厚生労働省告示第117号／平成28年4月施行）　→　合理的配慮指針
・心理的な負担の程度を把握するための検査及び面接指導の実施並びに面接指導結果に基づき事業者が講ずべき措置に関する指針（公示第2号平成27年11月30日）　→　心理的な負担の程度を把握するための検査指針
・派遣元事業主が講ずべき措置に関する指針（最終改正：平成29年5月29日厚生労働省告示第210号）　→　派遣元指針
・派遣先事業主が講ずべき措置に関する指針（最終改正：平成28年10月20日厚生労働省告示第379号）　→　派遣先指針

●裁判例
・○○地裁×年×月×日判決（決定）　→　○○地判（決）平成×年×月×日
・最高裁第三小法廷平成△年△月△日判決（決定）　→　最三小判（決）平成△年△月△日

●判例集
・最高裁判所刑事判例集　→　刑集
・労働関係民事裁判例集　→　労民集
・労働経済判例速報　→　労経速
・労働判例（産労総合研究所発行）　→　労判

●参考文献
・厚生労働省労働基準局編「労働基準法（上）（下）」労務行政　平成22年（2010）
　→　労基法コメ上、労基法コメ下
・菅野和夫「労働法（第11版補正版）」弘文堂　2017　→　菅野

なお、問題文及び解説文において適用されている法律等の名称や規定は、出題時以降に改正され、それに伴い正解や解説の内容も変わる場合があります。

労務管理 2級

ビジネス・キャリア®検定試験
過去問題編

A●労使関係　＞　1●労働契約・就業規則

1● 労働契約の原則

テキスト第1章第1節

労働契約等に関する記述として適切なものは、次のうちどれか。

ア．委任契約は、当事者の一方が法律行為をすることを相手方に委託する契約であり、相手方からどのようなやり方で仕事を行うか等について、業務上の指揮命令を受けない。
イ．請負契約は、当事者の一方がある仕事を完成することを約する契約であり、相手方からどのようなやり方で仕事を行うか等について、業務上の指揮命令を受ける。
ウ．労働契約は、当事者の一方が労働に従事することを約する契約であり、使用者からどのようなやり方で仕事を行うか等について、業務上の指揮命令を受けない。
エ．労働者派遣契約は、派遣元が派遣先に対し労働者派遣をすることを約する契約であり、派遣労働者は、派遣元から業務上の指揮命令を受ける。
オ．労働者派遣契約は、派遣元が派遣先に対し労働者派遣をすることを約する契約であり、派遣労働者は、派遣元とは労働契約がない。

解答●p.278

労契法による就業規則の変更にあたり、合理的か否かの判断要素とされていないものは、次のうちどれか。

ア．変更後の就業規則の内容の相当性
イ．労働者の受ける不利益の程度
ウ．労働組合等との交渉の状況

エ．労働条件の変更の必要性
オ．変更後の就業規則の行政官庁への届出の有無

過去問題編

A●労使関係　＞　1●労働契約・就業規則

3●募集から就業まで　　　　　　　　　　　テキスト第1章第1節

労働契約の成立に関する記述として適切なものは、次のうちどれか。

ア．一般に、採用内定通知は労働契約の成立ではなく、採用の一プロセスにすぎないと解されている。
イ．求人票に記載された労働条件は、必ずしも労働契約内容になるとは限らず、労働契約締結時に、求人票と異なった内容の労働条件を合意することも許される。
ウ．労働条件は書面で明示することが求められており、労働契約締結時にこの手続を欠いた場合、労働契約は成立しない。
エ．試用期間の設定は、常に期間の定めのある労働契約と解されるため、試用期間満了に伴う本採用拒否は、有期労働契約の雇止めとして扱われる。
オ．採用内定後、参加を義務づけられた研修に参加した内定者が、研修終了後に内定を辞退した場合、使用者は研修に要した費用の返還を求めることができる。

解答●p.280

A●労使関係　＞　1●労働契約・就業規則

4●就業規則

テキスト第1章第1節

就業規則の周知手続の内容とその効力に関する記述として誤っているものは、次のうちどれか。

ア．労働者の合意を得ることなく、就業規則による労働条件の不利益変更をする場合には、当該変更が合理的なものであるほか、変更後の就業規則が労働者に周知されていなければならない。

イ．就業規則は、事業場の労働者全員に実質的に周知しなければならないため、単に事業場に掲示し又は備え付けただけでは不十分であって、労働者各人に書面等の形で交付することによって、なされなければならない。

ウ．合理的な労働条件を定めた就業規則が、労働者に周知されていた場合、労働契約の内容はその労働条件によることになるが、労働者と使用者は、当該就業規則で定めた労働条件を下回らない限り、これと異なる労働条件を個別に合意することが可能である。

エ．就業規則による労働条件の変更については、例えば、変更後の賃金や退職金等の具体的な額や算定根拠などが周知されていなければ、周知義務を尽くしたものとみなされない場合がある。

オ．懲戒処分に際しては、使用者はあらかじめ就業規則において懲戒の事由・種別を規定し、なおかつ、これを事業場の労働者に周知させる手続が必要であって、この周知手続を経ないまま行った懲戒処分は無効となる。

就業規則の作成に関する記述として不適切なものは、次のうちどれか。

ア．短時間労働者に適用する就業規則の作成の際には、短時間労働者の過半数代表の意見を聴取することが義務づけられている。
イ．1企業に2以上の事業場があり、労働組合は各事業場を通じて単一組織となっている場合で、いずれの事業場においても労働者の過半数が当該労働組合に加入しているときは、本社において労働組合の意見聴取をすれば、それ以外の事業場で必ずしも意見聴取をする必要はない。
ウ．使用者は労働者に就業規則を周知する義務があり、常時作業場の見やすい場所に掲示をしていれば、書面の配付までは義務づけられていない。
エ．就業規則の記載事項のうち、退職に関する事項は絶対的必要記載事項だが、退職手当に関する事項は相対的必要記載事項である。
オ．就業規則に定める基準に達しない労働契約は無効だが、無効となるのは基準に達しない部分であって、それ以外の部分は有効である。

就業規則の変更に関する記述として不適切なものは、次のうちどれか。

ア．就業規則の変更を所轄労働基準監督署長に届け出ていたとしても、事業場の労働者に周知させていなければ効力を有しない。
イ．就業規則の変更において、過半数代表者の意見を聴くことが使用者には義務づけられているが、同意を得ることまでは求められてはいない。
ウ．労働者が使用者と締結した労働契約に、就業規則が変更されても契約内容は変更しないという特約がある場合は、当該労働契約の内容が変更後の就業規則の内容を下回る場合を除き、当該労働者に就業規則の変更内容は

適用されない。
エ．就業規則の記載事項のうち、絶対的必要記載事項については労働基準監督署長に届け出なくてはならないが、相対的必要記載事項を変更した場合は、届け出ることを要しない。
オ．就業規則変更の合理性の判断基準の１つに、労働組合等との交渉の状況がある。

就業規則の目的・意義、法規制に関する記述として不適切なものは、次のうちどれか。

ア．労働者を使用する多くの事業場では、労働者が就業上、守るべき規律、労働者の労働時間、賃金等の種々の労働条件について、統一的に管理するために規則を定めている。このような規則類の総称が就業規則である。
イ．法令又は労働協約に抵触する就業規則については、行政官庁が使用者に変更を命じることができる。
ウ．就業規則の届出にあたり、ある条項について過半数代表者が反対の意見を表明した場合には、その反対理由が正当なものである限り、当該条項は効力を生じない。
エ．正規労働者とパートタイム労働者のように、労働条件が異なる労働者が併存している場合には、就業規則は労働条件の異なる労働者ごとに作られることが望ましい。
オ．就業規則は、事業場で働く全ての労働者に適用されるもので、労使間の権利義務関係を明らかにするという意義もあるため、就業規則に規定された内容が遵守されれば、労使間の紛争やトラブルを未然に防ぐ役割を果たすことにもなる。

過去問題編

A ●労使関係 ＞ 2 ●集団的労使関係

1 ●労働組合　　　　　　　　　　　　　テキスト第1章第2節

我が国の一般的な労働組合の特徴に関する記述として不適切なものは、次のうちどれか。

ア．我が国の労働組合は、企業別組合が多く、その結果、経営者層に組合役員経験者が数多くいる。
イ．我が国の労働組合は、集団的発言機構として従業員の不満をすくいあげることにより、離職率を低下させている。
ウ．我が国の労働組合は、会社の役員人事に対し、労使協議会の場を通じて労働組合の意向を反映させている。
エ．我が国の労働組合は、労使間のコミュニケーションを改善する役割を果たしている。
オ．我が国の労働組合の組織率は、減少傾向にある。

解答 ● p.285

我が国の労働組合に関する記述として不適切なものは、次のうちどれか。

ア．労働組合が労使協議を通じて、組合員の不平・不満を吸収することが、会社への忠誠心や勤労意欲向上に寄与する面があるといわれている。
イ．企業別組合の場合、労使ともに決定的な対決を避け、協調的な関係を築こうとする傾向が強くなるといわれている。
ウ．ユニオン・ショップ制を採っていたとしても、組合からの離脱者や除名者の解雇について定めていなかったり、定めていたとしても、そのつど労使で協議することになっているケースが見受けられる。

エ．企業内で管理職とされている者が労働組合を結成した場合、当該労働組合は、労組法の保護を受ける法適合組合と認められることはない。
オ．正規従業員と非正規従業員両者の労働条件や、交渉すべき内容が異なる等の要因から、これまで我が国の労働組合の多くは、非正規従業員の組織化に積極的ではなかった。

労使関係に関する記述として不適切なものは、次のうちどれか。

ア．良好な労使関係を保つためには、対応を人事部任せにするのではなく、日頃から現場の管理職が企業側の代表として意識し、労働者と良好なコミュニケーションを保っておくことが必要である。
イ．労働組合からの在籍専従の要求を認めるかどうかは、原則的に使用者の判断に任されているが、労働組合活動の妨害を意図して専従を認めない場合には、不当労働行為とみなされることがある。
ウ．我が国においては団体交渉と労使協議は、その機能的役割分担が明確である。
エ．争議行為を伴う労働争議の発生件数は、1970年代半ばを境に急速に減少した。
オ．都道府県労働局長は、個別労働紛争解決促進法に基づき、個別労働関係の当事者に対し、必要な助言や指導を行うことができる。

A●労使関係 ＞ 2●集団的労使関係

2●労働協約

テキスト第1章第2節

問題 11

H26後

労基法上の労使協定と労組法上の労働協約に関する記述として正しいものは、次のうちどれか。

ア．労使協定の効力の及ぶ範囲は、事業場の全ての労働者であるのに対して、労働協約の効力の及ぶ範囲は、労使の合意により自由に定めることができる。
イ．労使協定は、労基法の定める労働条件の原則を修正するために必要な制度であるのに対して、労働協約は、組合員の雇用と労働条件の維持・改善及び一定期間労使関係の平和・安定を保つ機能がある。
ウ．労使協定及び労働協約に有効期間の定めをする場合には、ともにその最長は3年間である。
エ．労使協定は、労使当事者が労働協約としての性格を持つことを意図して、団体交渉の結果として、労使当事者が署名又は記名押印した書面により締結されたとしても、労働協約にはならない。
オ．労使協定及び労働協約の締結主体は、過半数代表者に限られる。

解答 p.287

問題 12

H27後

労使協定に関する記述として不適切なものは、次のうちどれか。

ア．労使協定の労働者側の当事者は過半数代表者となっているが、この過半数とは、労基法第41条第2項に定める管理監督者も含めた全労働者の過半数を指す。
イ．労使協定の有効期間の定めに関し、1カ月単位の変形労働時間制に関す

200

る労使協定の場合は定めが必要であるが、１週間単位の変形労働時間制に関する労使協定の場合は不要である。

ウ．貯蓄金の管理に関する労使協定は、所轄労働基準監督署長への届出が義務づけられている。

エ．専門業務型裁量労働制については、労働時間その他の当該事業場における労働条件に関する事項を調査審議し、事業主に対して意見を述べる委員会において、委員の５分の４以上の多数による決議をすることが義務づけられている。

オ．フレックスタイム制において、労働者が必ず労働しなければならないコアタイムや、労働者がその時間帯の中で始業及び終業の時刻を決定できるフレキシブルタイムについては、これらが設定されている場合にのみ、労使協定に定めればよい。

過去問題編

A●労使関係　＞　２●集団的労使関係

３●団体交渉

テキスト第１章第２節

団体交渉応諾義務に関する記述として不適切なものは、次のうちどれか。

ア．労働者が個人で加入することができる、地域合同労働組合から団体交渉の申入れがあった場合、自社の労働者が１人でもその組合に加入しているのであれば、使用者は正当な理由なくこれを拒否することはできない。
イ．派遣労働者の加入する労働組合が、派遣先企業に当該派遣労働者の時間管理について団体交渉を申し入れた場合、派遣先企業はこれに応じる必要はない。
ウ．解雇された労働者が加入する労働組合の代表者が、当該労働者の解雇問題について団体交渉の申入れをした場合、その時点で雇用関係が消滅していることを理由に、使用者は団体交渉を拒否することはできない。
エ．使用者は、ただ団体交渉の席に会社の代表者を出席させただけでは、団体交渉応諾義務を果たしたことにはならない。
オ．労働組合の要求が過大であることは、団体交渉の申入れを拒否する正当な理由とはならない。

解答 p.289

使用者の団体交渉（以下、「団交」という）応諾義務に関する記述として適切なものは、次のうちどれか。

ア．団交は、労働組合と使用者との間で行われる労働条件の集合的な取引であることから、個々の組合員の解雇や人事異動等、個別の権利問題は義務的団交事項には含まれず、そのような団交の申入れに対しては、使用者は

応諾する義務を負わない。
イ．使用者の団交応諾義務は、労働組合の要求に対し譲歩する義務を含むものではないが、労働組合の要求に応じないのであれば、使用者はその理由を説明し納得が得られるよう努力する義務を負う。
ウ．使用者が団交に応諾する義務を負うのは、「雇用する労働者」が加入する労働組合に限定され、退職した労働者の問題については、使用者は団交応諾義務を負わない。
エ．使用者が企業内組合との労働協約において、いわゆる「唯一交渉団体条項」を締結している場合、使用者は当該組合以外の少数組合や社外組合の団交申入れに応じる義務を負わない。
オ．労組法第7条第2号における「雇用する労働者」とは、直接の労働契約関係の存在する労働者であることから、下請会社の従業員によって組織された労働組合に対しては、元請会社はいかなる事情があっても、団交応諾義務を負わない。

A●労使関係　＞　2●集団的労使関係

4●不当労働行為と労働組合への救済手続

不当労働行為に該当しないものは、次のうちどれか。

ア．労働組合の集会を開催するための社員食堂の利用申請を、使用者が衛生管理上の理由から許可しないこと。
イ．1つの企業に複数の労働組合が存在する場合、特定の組合にのみ加入しないことを雇用条件とすること。
ウ．労働委員会に不当労働行為の救済申立てをしたことを理由に、使用者が当該労働組合員に遠隔地への転勤を命じること。
エ．使用者が労働組合員本人ではなく、その親族宛に「組合活動は当人のためにならないので善処されたい」旨の書面を郵送すること。
オ．労働組合の運営資金の他、組合専従役員の報酬を使用者が負担すること。

労務管理 2級

A●労使関係 ＞ 2●集団的労使関係

5●労働争議に関する法的事項、使用者の対応、解決等　テキスト第1章第2節

労働争議に関する記述として最も適切なものは、次のうちどれか。

ア．労働組合の争議行為が暴力的態様のものでない限り、使用者がロックアウトを行うことに正当性はない。
イ．使用者の利益を代表する者が参加している労働組合は、労組法上の労働組合ではないので、争議行為をした場合、民事免責を受けることはできない。
ウ．正当なストライキにより労務が提供されなかった場合、その期間に対応する賃金をカットすることはできない。
エ．労働組合の行った部分ストライキによって、ストライキに参加しない当該労働組合所属労働者がなすべき仕事がなくなって会社が休業を命じた場合は、労基法第26条の休業手当を支払わなければならない。
オ．使用者は、ストライキによって発生する会社の業務の混乱に対処するため、ストライキ中の労働組合員の担当業務を、非組合員である管理職者に行わせることができる。

労働組合の争議行為に関する記述として適切なものは、次のうちどれか。

ア．争議行為の手段として、使用者の保有する工場や設備資材等を労働組合の占有下に置く、いわゆる「生産管理」は、原則として正当なものと解される。
イ．ストライキは、政府・国会に対して立法や政策の実現や中止を求め、あ

るいは抗議の意思表示のために行うものであっても、原則として正当なものと解される。
ウ．憲法第28条が団体行動権（争議権）を保障しているのは、「勤労者」個人であるため、労働組合員の一部が所属組合の承認を得ないで独自にストライキを行っても、原則として正当なものと解される。
エ．使用者が組合員に人事権の行使として行った配置転換につき、その撤回を目的とするストライキであっても、原則として正当なものと解される。
オ．労働組合の争議行為は、憲法第28条において団体行動権として保障されているため、争議の最中に暴力的な行為を伴うものであっても、相当の限度を超えない限り、正当な争議行為であると解される。

労務管理 2級

A●労使関係 ＞ 2●集団的労使関係

6● 労使協議制と労使コミュニケーション組織の現状　テキスト第1章第2節

労働組合のない企業において、労基法が規定する過半数代表者に関する記述として誤っているものは、次のうちどれか。

ア．労使協定における過半数代表者は、労使協定ごとに、別の従業員でなければならないという規制はない。
イ．労働法に限らず、多くの法制度の中で、過半数代表制の原則に従った労働者代表の関与が、制度化されるに至っている。
ウ．就業規則を変更するためには、使用者は過半数代表者の意見を聴き、その意見を記した書面を添付して、労働基準監督署長に変更の届出をしなければならない。
エ．使用者と過半数代表者との間で、いわゆる三六協定が締結された後、当該事業場に新たに労働者の過半数で組織される労働組合が結成された場合、過半数代表者はその資格を失うため、その三六協定も自動的に失効する。
オ．賃金控除協定を締結しようとするとき、過半数代表者は、締結前に控除される項目を、あらかじめ当該事業場の労働者に周知させておくべき法的義務はない。

解答 p.294

労働組合のない企業における労使協議制に関する記述として適切なものは、次のうちどれか。

ア．労使協議制の機能としては、労使コミュニケーションの円滑化や、労働

207

者の雇用と生活諸条件に大きな影響を及ぼすような、経営・生活事項に対する労働者の発言・監視の役割がある。
イ．労働条件に関し、労使協議制で合意され、当事者が記名押印した書面は、個々の労働者の労働条件の基準となる規範的効力を持つ。
ウ．労使協議制を設けた場合、使用者は労働者代表から労使協議の申入れを受けると、これに応ずべき協議応諾義務が生ずる。
エ．労使協議制は、労働者の雇用、労働条件等について、意見交換をする常設機関として、労契法において、その設置が義務づけられている。
オ．労使協議制の労働者代表は、労基法に定める「労働者の過半数を代表する者（過半数代表者）」の選出要件を満たしていなければならない。

労働組合のない企業における労使協議制に関する記述として適切なものは、次のうちどれか。

ア．労使協議制は、事業の重要な決定が行われる事業場において、使用者及び当該事業場の労働者を代表する者を構成員とする旨、労基法に定められている。
イ．労使協議制における重要事項は、委員の5分の4以上の合意による決議をし、労働基準監督署へ届け出ることとされている。
ウ．労使協議制の決議は、労使双方が署名捺印し、決議の有効期間終了後、3年間保存する必要がある。
エ．労使協議が調わない場合には、労使いずれからでも都道府県労働委員会に対し、仲裁の申立てをすることができる。
オ．労使協議制には、従業員の雇用と生活諸条件に大きな影響を及ぼすような経営・生産事項に対する従業員の発言・監視の役割がある。

無組合企業における労働者の過半数を代表する者（以下、この設問において「過半数を代表する者」とする）に関する記述として不適切なものは、次のうちどれか。

ア．使用者は、労働者が過半数を代表する者として正当な行為をしたことを理由として、不利益な取扱いをしないようにしなければならない。
イ．過半数を代表する者の選出は、労働者の過半数が当該者の選任を支持していることが明確になる民主的な手続であれば、挙手や投票以外の方法によるものであってもよい。
ウ．使用者が事業場の就業規則を変更する場合、過半数を代表する者の意見を聴かなければならないが、過半数を代表する者が反対の意見書を提出したときは、当該就業規則の変更の効力は発生しない。
エ．過半数を代表する者たる労働者の選出は、当該事業場に労働者の過半数を組織する労働組合が存在しない場合に、はじめて実施される。
オ．取締役も含めた全従業員が加入する親睦会のような組織の代表者は、過半数を代表する者の要件を満たさず、かかる組織を当事者とする労使協定は無効である。

A ● 労使関係 ＞ 3 ● 個別的労使関係と個別労働関係紛争の対応

1 労働契約の変更

テキスト第1章第3節

出向（在籍出向）に関する説明として適切なものは、次のうちどれか。

ア．出向は指揮命令を行う使用者の変更を伴うものであるから、労働者の同意を必要とし、就業規則などの根拠規定に基づいて、業務命令としてこれを行うことはできない。
イ．出向は、労働者派遣と類似した就労形態であり、派遣労働者と派遣先使用者との間に労働契約関係が存しないのと同様、出向中の労働者と出向先使用者との間にも、労働契約関係は存在しない。
ウ．出向期間中であっても、出向元使用者との労働契約関係が存続しているため、労働者の賃金については、出向元使用者がその全額を負担しなければならず、出向先使用者にその一部、ないし全部を負担させてはならない。
エ．出向中の労働者に対しては、出向先企業の同意を得たうえであれば、出向元の使用者は特段の事由のない限り、当該労働者の同意を得ることなく、出向関係を解消して復帰を命じることができる。
オ．出向命令が権利濫用にあたると判断される場合には、当該出向命令は無効となると同時に直ちに不法行為となり、労働者は使用者に損害賠償を請求することができる。

労務管理 2級

A●労使関係 ＞ 3●個別的労使関係と個別労働関係紛争の対応
2●労働契約の終了　　　　　　　　　　　　テキスト第1章第3節

H27前

法令において解雇が禁止されていないものは、次のうちどれか。

ア．労働基準監督官へ申告したことを理由とする解雇
イ．国籍、信条、社会的身分を理由とする解雇
ウ．公益通報をしたことを理由とする解雇
エ．紛争調整委員会にあっせんの申請をしたことを理由とする解雇
オ．通勤災害による療養のために休業する期間及びその後30日以内に行う解雇

解答 p.297

労働者の退職に関する記述として正しいものは、次のうちどれか。

ア．労働者の退職の意思表示は、「辞表」、「退職願」等の書面にて行わない限り、効力を生じない。
イ．使用者が労働者に、懲戒解雇事由が存在するかのように誤信させて退職の意思表示をさせた場合には、当該意思表示は無効とされることがある。
ウ．退職するか否かは労働者の自由な意思に委ねられることから、使用者による退職勧奨行為は、原則として違法となる。
エ．3年の契約期間を定めて雇用された労働者は、労働契約の初日から1年が経過した日以降であっても「やむを得ない事由」がない限り、労基法上退職を申し出ることはできない。
オ．労働契約期間に定めがない場合、労働者は2週間の予告期間を置くことによって退職することができるが、客観的に合理的な退職理由が必要となる。

解答 p.298

211

A●労使関係　＞　３●個別的労使関係と個別労働関係紛争の対応

4●個別労働関係紛争の対応

テキスト第1章第3節

A社に勤務するB氏は企業別組合であるC組合に加入している。同組合とA社との間で、組合員の昇給や賞与等の労働条件に関して労働協約が締結されている場合、労働審判手続の対象となりうる事案の組合せとして適切なものは、次のうちどれか。

① A社社長は、日ごろ朝礼の席で組合活動に対する威嚇的な発言を繰り返していることから、C組合がこれを止めるように求める場合。
② A社では、いわゆるサービス残業が日常的に行われ、C組合の改善要求にもかかわらず一向に改まる様子がないことから、B氏がA社社長を労基法第37条違反で刑事告発する場合。
③ C組合における組合活動を理由に、A社から解雇されたB氏が、解雇無効の確認を求める場合。
④ C組合のA社に対する賃上げ要求は正当であると主張し、組合員であるB氏がその受諾と履行を求める場合。
⑤ A社がC組合との間の労働協約で定めた賞与が未払いとなっていることから、B氏がそれらの支払いをA社に求める場合。

ア．①と②
イ．①と⑤
ウ．②と④
エ．③と④
オ．③と⑤

労働審判制度に関する記述として不適切なものは、次のうちどれか。

ア．労働審判制度では権利義務関係を判断するとともに、当事者の意向に沿った判断の折り合いをつけた解決が可能である。
イ．労働審判手続は、中立・公正な立場で事件を判断し、また、紛争解決の影響を考慮して裁判と同様に原則として公開で行われる。
ウ．労働審判に不服な場合、2週間以内に異議を申し立てれば労働審判は失効となり、訴訟に移行する。
エ．確定した労働審判は裁判上の和解と同じ効力を持ち、相手方が労働審判に従わない場合には強制執行が可能となる。
オ．労働審判制度は、原則として3回以内の期日の中で争点整理を行い、争点についての証拠調べをし、調停の解決の見込みがあれば調停を試み、調停が成立しなかった場合には審判を行う。

B●就業管理 > 1●賃金

3●賃金支払いの5原則

テキスト第2章第1節

 問題 27 H29前

賃金に関する記述として正しいものは、次のうちどれか。

ア．賃金の支払いは、原則として銀行口座等への振込みにより行うこととされているが、労働者本人の同意を得た場合には、通貨で支払うことができる。

イ．賃金は、原則として労働者本人に直接支払わなければならないが、労働者の同意を得た場合には、親権者その他の法定代理人に支払うことができる。

ウ．賃金は、原則としてその全額を支払わなければならないが、法令に別段の定めがある場合又は労働者の同意があれば、その部分について賃金の一部を控除して支払うことができる。

エ．賃金は、原則として毎月1回以上、一定の期日に支払わなければならないが、賃金支払日が休日にあたる場合には、支払日を繰り上げることができるが、繰り下げることはできない。

オ．使用者は、労働者が出産、疾病、災害その他厚生労働省令で定める非常の場合の費用に充てるために請求する場合には、賃金支払期日前であっても、既往の労働に対する賃金を支払わなければならない。

解答 ● p.301

労務管理 2級

B●就業管理　>　2●労働時間・休憩・休日

1●労働時間

テキスト第2章第2節

労基法に定める労働時間に関する記述として不適切なものは、次のうちどれか。

ア．ある労働者がA社で4時間労働した後、同日中にB社で5時間労働した場合であっても、それぞれの事業場における労働時間が8時間を超えていないので、B社における労働時間は時間外労働とはならない。

イ．商業、保健衛生業など一定の事業で、常時10人未満の労働者を使用するものについては、1週の法定労働時間を44時間とする特例があるが、この「常時10人未満」の判断にあたっては、週2日勤務のパートタイム労働者であっても、継続的に雇用されている者であれば、人数に含む必要がある。

ウ．安全委員会、衛生委員会の会議の開催に要する時間は労働時間であるから、その会議が法定労働時間外に行われた場合、使用者は、参加した労働者に対して割増賃金を支払わなければならない。

エ．一般健康診断と異なり、特定の有害な業務に従事する労働者について行われる特殊健康診断は、事業の遂行に絡んで当然に実施されなければならない性格のものであるから、その実施に要する時間は労働時間である。

オ．事業場に火災が発生した場合、すでに帰宅している所属労働者が任意に事業場に出勤し消火作業に従事した時間は、使用者がこれを認めることが通例とするときは、労働時間である。

解答●p.302

労基法上の労働時間に関する記述として不適切なものは、次のうちどれか。

215

ア．特定の有害な業務に従事する労働者に対して行われる特殊健康診断に要した時間については、それが所定労働時間外に行われた場合であっても、労働時間として扱う。
イ．安衛法に定める雇入れ時・作業内容変更時の安全衛生教育に要した時間については、それが所定労働時間外に行われた場合であっても、労働時間として扱う。
ウ．労働者が終業時刻後に、会社が設置した浴場設備へ入浴する時間は、実態として使用者の指揮監督下で労務提供していると認められる場合には、労働時間として扱う。
エ．休憩時間中に、来客当番のために待機させた時間は手待時間であり、労働時間として扱う。
オ．全労働者に対して1年以内に1回以上実施する定期健康診断に要した時間については、それが所定労働時間外に行われた場合であっても、労働時間として扱う。

労働時間に関する記述として適切なものは、次のうちどれか。

ア．使用者は、労働時間数を把握し、賃金台帳に記載しなければならないが、この場合、時間外労働、休日労働及び深夜労働に係るそれぞれの時間数を合算して記載することとしてもよい。
イ．労働者が休憩時間中に自己の判断で労働した時間は、使用者からの明示的な業務指示がない限り、労基法上の労働時間とはならない。
ウ．事業場に火災が発生したため、すでに帰宅していた当該事業場に所属する労働者が事業場に任意に出勤して消火作業に従事した時間は、労働時間となる。
エ．あらかじめ月の時間外労働の上限時間を就業規則、社内通達等により、明確に周知徹底している場合には、これを超えて行った時間外労働の時間については、労働時間として取り扱わなくてもよい。

オ．事業主の異なる二事業場で雇用される労働者の労働時間は、各事業場における労働時間を別々に計算することとされている。

以下のA～Eに示す労働時間の範囲に関する記述において、労基法上の労働時間にあたらないものとして最も適切なものの組合せは、次のうちどれか。

A．毎日実施される朝礼の場において、業務上の報告や指示が出される場合の朝礼への参加時間
B．スキルアップのため、終業時刻後に、職場内で一定の時間eラーニングを受講することとされている場合の受講時間
C．消防法の規定に基づいて、消火、通報、避難訓練等の消防訓練を行う時間
D．所定労働時間以外の時間、あるいは所定休日に行われる一般健康診断の受診時間
E．任意参加のランニングクラブで、シューズやウェア、マラソン大会への参加費等の費用が全て会社から支給されている場合の、ランニングクラブへの参加時間

ア．AとB
イ．AとC
ウ．BとE
エ．CとD
オ．DとE

B●就業管理　＞　２●労働時間・休憩・休日

２●休憩時間の実際

テキスト第2章第2節

労基法に定める休憩及び休日に関する記述として不適切なものは、次のうちどれか。

ア．1日の所定労働時間5時間のパートタイム労働者が、その所定労働時間どおりに労働した日については、労基法上、使用者は休憩を与える義務はない。

イ．労働者が、たまたま業務の都合で休憩を取れなかった場合には、使用者は当日終業時刻を休憩時間相当分繰り上げることで足りる。

ウ．休憩時間中の外出について所属長の許可を受けさせることは、事業場内において自由に休憩し得る場合には、必ずしも労基法違反にはならない。

エ．休日とは、労働契約において労働義務がないとされている日をいう。

オ．法定休日に労働をさせて後日代休を与えた場合、使用者は当該労働者に対して、休日労働割増賃金を支払う必要がある。

解答●p.306

B●就業管理　＞　2●労働時間・休憩・休日

●休日　　　　　　　　　　　　　　　　　テキスト第2章第2節

問題 33　

休日の振替・代休に関する記述として適切なものは、次のうちどれか。

ア．法定休日に労働させた場合であっても、同一週内に代休を与えた場合には、割増賃金を支払う必要はない。
イ．他の週に休日を振り替えたことによって、その週の労働時間が法定労働時間を超えた場合には、その超えた時間については、割増賃金を支払わなければならない。
ウ．休日の振替によって休日を変更する場合には、振り替えるべき日を、変更前の休日より後の日にしなければならない。
エ．休日の振替を行うためには、過半数代表者との間で休日振替に関する労使協定を締結しなければならない。
オ．災害その他避けることのできない理由により休日に労働させた場合には、遅滞なく代休を与えなければならない。

解答 p.307

問題 34　

休日に関する記述として適切なものは、次のうちどれか。

ア．休日とは、本来労働の義務のある日について、労働義務を免除された非労働日のことをいう。
イ．国民の祝日に関する法律に定められた祝日は、原則として休日にしなければならない。
ウ．法定休日は、原則として、一斉に与えなければならない。
エ．変形労働時間制の要件を満たしている場合には、継続した24時間の休み

219

を与えればよい。
オ．法定休日について4週間を通じ4日以上与えることとする変形休日制には、業種の限定はない。

労務管理 2級

B●就業管理 > 3●労働時間の弾力化

1●変形労働時間制　　　　　　　　　　　　　　　　　テキスト第2章第3節

労基法に定める1年単位の変形労働時間制に関する記述として不適切なものは、次のうちどれか。

ア．対象期間として定められた期間を平均し、1週間あたりの労働時間が40時間を超えない範囲内において、特定された週において40時間又は特定された日において、8時間を超えて労働させることができる。
イ．1年単位の変形労働時間制において、特定した日の労働時間を業務の都合により変更しなければならないときは、使用者は特定した日の少なくとも1週間前までに、書面で、労働者本人に通知しなければならない。
ウ．対象期間中の、特に業務が繁忙な期間について設定できる「特定期間」は、必要的協定事項である。
エ．対象期間を1年間とする労使協定を過半数代表者と締結した場合、最低でも85日以上の休日が確保されていなければならない。
オ．1週間の労働時間の限度は52時間であるが、対象期間が1年間の場合、原則として、その労働時間が48時間を超える週の連続は、3週以下としなければならない。

解答●p.309

労基法に定める労働時間に係る労使協定の締結と届出に関する記述として正しいものは、次のうちどれか。

ア．使用者は、1週間単位の非定型的変形労働時間制に関する労使協定を、所轄労働基準監督署に届け出る必要はない。

221

イ．1カ月単位の変形労働時間制に関する労使協定を締結した場合、使用者は、当該労使協定を所轄労働基準監督署に届け出る必要はない。
ウ．使用者は、1年単位の変形労働時間制を採用する場合には、所定の事項を定めた労使協定を、所轄労働基準監督署に届け出なければならない。
エ．使用者は、フレックスタイム制を採用する場合には、所定の事項を定めた労使協定を所轄労働基準監督署に届け出なければならない。
オ．専門業務型裁量労働制に関する労使協定を締結した場合、使用者は当該労使協定を所轄労働基準監督署に届け出る必要はない。

問題 37

以下に示す＜事例＞を踏まえた場合、A社に導入すべき制度として最も適切なものは、次のうちどれか。

＜事例＞
　A社は、博多料理専門店を全国主要都市の繁華街をターゲットにチェーン展開している。1店舗あたり常時使用する労働者が30人〜60人、営業時間は、開店午前11時、閉店午後11時である。現在順調に業績を伸ばしているものの、パートタイム労働者を除く労働者については、長時間労働の問題を抱えている。

ア．フレックスタイム制
イ．1カ月単位の変形労働時間制
ウ．専門業務型裁量労働制
エ．1週間単位の非定型的変形労働時間制
オ．売上高に連動した年俸制

1カ月単位の変形労働時間制に関する記述として適切なものは、次のうちどれか。

ア．1カ月単位の変形労働時間制の変形期間は、原則として1カ月とされており、3週間や4週間等、週単位の期間とすることはできない。
イ．1カ月単位の変形労働時間制の導入は、労使協定によって定めをすることができるが、この場合において、当該労使協定を労働基準監督署長に届け出る必要はない。
ウ．1カ月単位の変形労働時間制を採用する場合、就業規則において、勤務シフトの始業・終業時刻や組合せの考え方、勤務割表の作成手続、その周知方法等を当該就業規則に定めておけば、各日ごとの勤務割は、変形期間の開始前までに特定すればよい。
エ．1カ月単位の変形労働時間制における割増賃金の計算にあたっては、実労働時間が日又は週の法定労働時間を超える場合であっても、変形期間の総実労働時間が当該変形期間の法定労働時間の総枠を超えない限り、割増賃金の支払いは必要ない。
オ．1カ月単位の変形労働時間制の下で、休日を他の週に振り替えたことによって、あらかじめ特定されていない週に週40時間を超えて労働させることになったとしても、変形期間を平均して1週間あたりの労働時間が40時間を超えなければ、割増賃金の支払いは必要ない。

B●就業管理 ＞ 3●労働時間の弾力化

3●事業場外労働みなし労働時間制

事業場外労働のみなし労働時間制に関する記述として不適切なものは、次のうちどれか。

ア．営業担当が事業場外で業務に従事した場合において、労働時間を算定しがたいときには、所定労働時間労働したものとみなされる。
イ．社内の朝礼において、訪問先、帰社時刻等、その日の業務の具体的指示を受け、事業場外で指示どおりに業務に従事して帰社した場合には、事業場外労働のみなし労働時間制は適用されない。
ウ．事業場外において、通常所定労働時間を超えて労働することが必要となる場合、労使協定が締結されているときには、その協定で定める時間がみなし時間とされる。
エ．事業場外労働のみなし労働時間制に関し、労使協定に定める時間が法定労働時間を超える場合には、所定様式により所轄労働基準監督署長に届け出なければならない。
オ．労働時間の一部を事業場内で労働した時間と事業場外で労働した時間とを加えた労働時間が、通常所定労働時間を超える場合は、事業所内で労働した時間もみなし労働時間制によって定められた「通常必要とされる時間」に含まれる。

B●就業管理 ＞ 3●労働時間の弾力化

4●裁量労働制

労基法に定める裁量労働制に関する記述として不適切なものは、次のうちどれか。

ア．専門業務型裁量労働制を採用するには、労使協定により、労働時間の状況に応じた対象労働者の健康及び福祉を確保するための措置や、苦情の処理に関する措置を定めなければならない。

イ．専門業務型裁量労働制を採用するには、賃金、労働時間その他事業運営上の重要な決定が行われる事業場における労働条件に関する事項を調査審議し、事業主に対し、それらの事項について意見を述べることを目的とする委員会を設置し、その決議を所轄労働基準監督署長に届け出なければならない。

ウ．専門業務型裁量労働制についての労働時間のみなしは、「情報システムの分析・設計の業務」に就く派遣労働者にも適用することができる。

エ．企画業務型裁量労働制が適用される者については、深夜労働及び休日に関する規定が当然に適用される。

オ．企画業務型裁量労働制についての労働時間のみなしは、派遣労働者には適用できない。

B●就業管理　＞　4●労働時間等の適用除外対象者

2●監視または断続的労働に従事する者　テキスト第2章第4節

労基法第41条第2号に定める、いわゆる管理監督者（以下、本問題において同じ）に関する記述として誤っているものは、次のうちどれか。

ア．管理監督者とは、労働条件の決定その他労務管理について、経営者と一体的な立場にある者の意である。
イ．企業の人事管理上あるいは営業政策上の必要等から任命する職制上の役付者であって、例えば、単に「課長」や「部長」などの役職に就いているというだけでは、管理監督者にはあたらない。
ウ．管理監督者に該当するかの判定にあたっては、基本給や役付手当の水準、賞与等の一時金の支給率やその算定基礎賃金等が、役付者以外の一般労働者と比較して、優遇されているか否かが1つの重要な判断要素となる。
エ．管理監督者は、現実の勤務態様において、労働時間等の規制になじまないような立場にある者に限られるものであるから、時間外・休日労働に係る割増賃金の支払いを要しない。
オ．本社の企画や調査等の部門に配置される、いわゆるスタッフ職は、重要な職務に就き、資格、職位等の処遇や給与面の待遇等が優遇されているような場合であっても、部下がいなければ、労働時間等の規制の適用を除外することはできない。

解答　p.314

労基法第41条に定める「労働時間等」の規定の適用除外に関する記述として正しいものは、次のうちどれか。

ア．管理監督者の範囲を決めるにあたっては、企業内における資格等級や職位の名称が重要な判断要素となる。

イ．いわゆるスタッフ職（企業内における処遇の程度によっては管理監督者と同様に取り扱い、労基法の規制外においても、特に労働者の保護に欠けるおそれがないと考えられる者）については、管理監督者には含まれない。

ウ．管理監督者であるか否かの判断にあたっては、会社内における椅子や机、ロッカー、食堂その他の福利厚生について、一般労働者に比べ優遇措置が講じられているか否かが重要な基準となる。

エ．労基法第41条第2号に定める労働時間等の適用が除外される機密の事務を取り扱う者（機密事務取扱者）には、従業員のマイナンバーを取り扱う者が含まれる。

オ．労基法第41条第3号に定める労働時間等の適用が除外される監視又は断続的労働に従事する者（監視・断続労働従事者）に係る許可基準として、断続労働と通常の労働とが1日の中において混在し、又は日によって反復するような場合には、常態として断続的労働に従事する者に係る許可基準に該当しない。

過去問題編

B●就業管理　＞5●時間外・休日労働、深夜労働
1●**三六協定による時間外・休日労働**　　　テキスト第2章第5節

問題 43

H27後

時間外労働及び三六協定の趣旨に関する記述として誤っているものは、次のうちどれか。

ア．時間外労働に対する割増賃金は、労働者への補償を行うとともに、使用者に対して経済的負担を課すことによって時間外労働を抑制することを目的としている。
イ．時間外労働が適法とされるためには、三六協定の締結のみならず、所轄労働基準監督署長への届出と割増賃金の支払いが必要とされる。
ウ．三六協定は使用者に免罰的効果を生じさせるにすぎず、労働者に時間外労働を義務づけるためには、就業規則などの根拠規定を必要とする。
エ．労基法第36条第2項に基づく時間外労働の限度基準は、労働条件の最低基準として強行的効力を持つため、これに反する就業規則及び業務命令は違法・無効となる。
オ．労基法第32条に定める法定労働時間の上限こそが原則的ルールであって、時間外労働は、本来臨時的なものとして必要最小限にとどめられるべきものである。

解答●p.316

問題 44

H28後

三六協定に関する記述として不適切なものは、次のうちどれか。

ア．三六協定は、所轄労働基準監督署長に届け出て、受理された日に労基法上の効力が発生する。
イ．三六協定では、1日及び1日を超え3カ月以内の期間並びに1年間の3

つの期間について、延長することができる時間を協定しなければならない。
ウ．無組合企業において、本社における労働者の過半数を代表する者との間で締結すれば、本社以外の事業場に係る三六協定についても、本社を管轄する労働基準監督署長に一括して届け出ることができる。
エ．三六協定で定める延長時間には、限度時間の基準が定められているが、臨時的に限度時間を超えて時間外労働を行わなければならない特別の事情があるときは、特別条項つき三六協定を締結することにより、限度時間を超えて時間外労働をさせることができる。
オ．三六協定を締結した場合であっても、労働協約、就業規則等に時間外労働をさせることがある旨の根拠がなければ、時間外労働を命じることができない。

B ● 就業管理　＞　5 ● 時間外・休日労働、深夜労働

3 ● 割増賃金の計算から除外できる賃金

テキスト第2章第5節

問題45

H28前

割増賃金の算定基礎となる賃金に算入しなければならない手当は、次のうちどれか。

ア．同居の家族を有する世帯主である者に対し、月額10,000円を支給する家族手当
イ．通勤に要する費用として、全員に月額5,000円を支給する通勤手当
ウ．単身赴任を余儀なくされている者に対し、月額20,000円を支給する別居手当
エ．満18歳になるまでの同居の子がいる場合に、子1人につき月額5,000円を支給する子女教育手当
オ．月50,000円以上の家賃を支払っている者に対し、その30％に相当する額を支給する住宅手当

解答 ● p.318

問題46

H28後

割増賃金の算定基礎賃金に関する記述として適切なものは、次のうちどれか。

ア．毎月支払われる営業手当は、算定基礎賃金には算入されない。
イ．毎月支払われる賃金に加算して支払われる前払い退職金は、退職金の一部として支払われるものであることから、割増賃金の算定基礎賃金には算入されない。
ウ．賃貸住宅居住者には家賃の30％等のように、住宅に要する費用に定率を乗じた額が支給される住宅手当は、割増賃金の算定基礎賃金には算入されない。

エ．扶養家族のある者に対して一律 1 万円等として支給される場合の家族手当は、割増賃金の算定基礎賃金には算入されない。

オ．あらかじめ定められた年俸額の16分の12を各月に分割して支払い、16分の 2 ずつを 6 月と12月とにそれぞれ賞与として支給する場合、この賞与は、割増賃金の算定基礎賃金には算入されない。

B●就業管理　5●時間外・休日労働、深夜労働

4●時間外・休日労働と割増賃金

テキスト第2章第5節

問題 47

H26後

時間外労働に関する次の記述のうち、（　　）の中に入る語句の組合せとして正しいものは、次のうちどれか。

　1カ月に（　A　）時間を超える法定時間外労働に対しては、使用者は（　B　）％以上の率で計算した割増賃金を支払わなければならない。ただし、当分の間、（　C　）には適用が猶予されている。

ア．A：45　　B：35　　C：所轄労働基準監督署長の認定を受けた事業所
イ．A：45　　B：35　　C：労基法に定める一定の中小事業主
ウ．A：60　　B：50　　C：所轄労働基準監督署長の認定を受けた事業所
エ．A：60　　B：50　　C：労基法に定める一定の中小事業主
オ．A：80　　B：35　　C：労基法に定める一定の中小事業主

解答●p.320

問題 48

H28後

深夜業に関する記述として最も適切なものは、次のうちどれか。

ア．使用者は、妊産婦に対し、臨時の必要がある場合には、深夜業をさせることができる。
イ．使用者は、過半数代表者との書面による協定がある場合には、18歳未満の労働者に深夜業をさせることができる。
ウ．使用者は、一昼夜交代勤務に就く者に対して、労働から解放された継続4時間の睡眠時間を与えた場合、当該睡眠時間が深夜にわたるときには、深夜割増賃金を支払わなければならない。

エ.「9時始業・18時終業（途中で休憩1時間有）」と労働時間を規定した場合、時間外労働が翌日の始業時刻に及んだときには、使用者は、その翌日の始業時刻までの時間外割増賃金及び深夜割増賃金を支払えばよい。
オ.「17時始業・翌日2時終業（途中で休憩1時間有）」と労働時間を規定した場合には、当該業務は深夜業に該当することから、三六協定が必要である。

以下に示す①〜⑤の記述において、深夜労働の割増賃金の支払いが必要ない場合の組合せとして適切なものは、次のうちどれか。

①交替制によって使用する16歳以上の男性労働者に深夜労働をさせた場合
②監督若しくは管理の地位にある者に深夜労働をさせた場合
③農業、畜産、養蚕、水産業に従事する労働者に深夜労働をさせた場合
④監視断続労働に従事する者に深夜労働をさせた場合
⑤災害等で臨時の必要がある場合の時間外労働が深夜に及んだ場合

ア．①と⑤
イ．②と④
ウ．③と⑤
エ．②のみ
オ．いずれも該当しない

過去問題編

B●就業管理 ＞ 5●時間外・休日労働、深夜労働

5●変形労働時間制と時間外労働・深夜労働

テキスト第2章第5節

以下に示す＜事例＞を踏まえ、長時間労働等においてX社がとるべき対策の記述として適切なものは、次のうちどれか。

＜事例＞
　X社では、全労働者を対象にフレックスタイム制を採用しているが、近年の過労死や過労自殺の増加のニュースを受けて、社内調査を実施した。その結果、繁忙期において、時間外労働、休日労働及び深夜労働が常態化しており、中には、時間外労働が1カ月100時間を超える労働者も存在することが判明した。

ア．労働時間を短縮するために、日々の労働時間が10時間を超えた労働者に対し、すぐ帰るように所属長から命じる。
イ．閑散期には、全社的に時間外・休日労働はほとんど発生しないので、繁閑に合わせられるように、フレックスタイム制の清算期間を1年とし、1年を平均して1週あたりの労働時間が40時間を超えないように、各月の所定労働時間を設定する。
ウ．衛生委員会において、長時間労働による健康障害の防止策について調査・審議することとした。
エ．長時間労働に対する管理職の意識改革を図るため、部署ごとに時間外労働手当の予算枠や時間外労働の目安時間を設定し、それを超える部署には、業績賞与の係数を減ずる。
オ．毎日の労働時間の端数のうち、15分未満は切り捨てて計算する。

234

労務管理 2級

B●就業管理 ＞ 6●休暇

2●年次有給休暇

テキスト第2章第6節

年次有給休暇に関する記述として誤っているものは、次のうちどれか。

ア．4月1日入社した者に対して、年次有給休暇を入社時に5日繰上げ付与し、法定の基準日である当年10月1日に残りの5日を付与した場合、次年度分の年次有給休暇11日は、翌年4月1日に付与することは差し支えない。
イ．事業場全体で一斉に年次有給休暇の計画的付与を行う場合には、雇入れ後6カ月未満の者など年次有給休暇のない者については、特別有給休暇を付与するか、平均賃金の60％以上の休業手当を支払わなければならない。
ウ．解雇予告を受けた労働者の年次有給休暇の時季指定権は、解雇予告期間中に行使しなければ消滅する。
エ．労働者の欠勤日について、会社が本人の確認なしに未使用の年次有給休暇を欠勤日に振り替えることは差し支えない。
オ．派遣労働者が年次有給休暇を請求する場合の請求先は、派遣先ではなく派遣元の事業主である。

解答●p.323

年次有給休暇に関する記述として適切なものは、次のうちどれか。

ア．年次有給休暇の計画的付与を行う場合は、その年の新入社員で休暇が発生していない者にも計画的付与として協定した日数を特別休暇として付与しなければならない。
イ．時間を単位として年次有給休暇を付与する場合、付与する単位は1時間とされており、2時間を1単位とするような定めは許されていない。

235

ウ．時間を単位とした年次有給休暇を取得した結果生じた端数は、翌年に繰り越すことはできない。
エ．時間を単位とした年次有給休暇の日数は、労働者に与えられる1年間の年次有給休暇の日数のうち5日を超える分については、労使協定で定めることができる。
オ．年次有給休暇付与の基礎となる出勤率の算定にあたって、育児休業を取得した日については出勤したものとみなすため、全労働日、出勤日ともに算入する。

年次有給休暇の付与要件に関する記述として適切なものは、次のうちどれか。

ア．継続勤務とは、労働契約の存続期間のことをいうが、継続勤務か否かについては、労働契約の形式に着目して判断すべきものとされている。
イ．労働契約をパートタイマーから通常の労働者へ切り替えた場合には、その期間は、継続勤務と取り扱う必要はない。
ウ．慶弔休暇のように任意に与える特別休暇については、出勤率の算定にあたり出勤したものとして扱うかどうかは就業規則等で取り決めることができる。
エ．女性労働者が産前休業していたところ、予定の出産日より遅れて分娩し、結果的には産前6週間を超えて休業した場合、その超えた期間は、欠勤したものとして取り扱うことができる。
オ．出勤率の算定の基礎となる全労働日とは、就業規則等によって定められた所定休日を除いた日数のことをいうが、所定休日に労働した場合には、その日は全労働日に含まれる。

労務管理 2級

B●就業管理 ＞ 6●休暇

3●その他の法定休暇

テキスト第2章第6節

法定休暇、休業に関する記述として不適切なものは、次のうちどれか。

ア．週の所定労働日数が2日以下の労働者について、子の看護休暇を適用除外とするためには、労使協定の締結が必要である。
イ．子の看護休暇の申し出は、申し出をした者の配偶者が専業主婦（夫）であっても拒むことはできない。
ウ．産前産後休業期間中及びその後30日間は解雇が禁止されているが、産前6週間については、実際に休業を取らずに勤務をしている場合であれば、解雇制限の対象とならない。
エ．公民権の行使を就業時間外に実施すべき旨を就業規則に定めることにより、労働者が就業時間中に選挙権の行使を請求することを拒否することができる。
オ．生理休暇は半日又は時間単位で請求された場合は、その範囲で就業させなければ足りる。

解答 p.325

法定休暇等に関する記述として適切なものは、次のうちどれか。

ア．裁判員法において裁判員や裁判員候補者等の氏名、住所その他の個人を特定するに足りる情報を公にしてはならないと定めているため、使用者は従業員に対し、裁判員候補者名簿記載通知を受けたこと等を報告することを義務づけてはならない。
イ．裁判員については国から日当が支払われることになっており、裁判員休

237

暇を有給とすることは収入の二重取りとなるため禁止されている。
ウ．育児時間は、1日に2回それぞれ30分付与することとされており、1回にまとめて1時間取得することは許されていない。
エ．1週間の所定労働日数が2日以下の者については、子の看護休暇の適用を除外することができるが、その場合は労使協定が締結されていなくてはならない。
オ．子が2人以上の場合、看護休暇は10日取得できるが、1人の子に対して10日間全ての使用を禁止することは可能である。

解答 p.325

生理休暇に関する記述として不適切なものは、次のうちどれか。

ア．生理日の休暇については、日数の制限だけでなく、例えば年13回等のように回数として制限することも認められない。
イ．生理日の休暇については、生理日の就業が困難であるという事実に基づいて与える休暇であることから、必ずしも日単位で与えなければならないものではなく、労働者が半日又は時間単位で請求した場合には、その範囲で与えることとしてもよい。
ウ．生理日の休暇については、原則として、労働者が請求した日について与えなければならないが、請求した日に就業することが困難であるかどうか疑わしい場合には、医師による診断書の提出を求めることができる。
エ．生理日の休暇の日数を制限することは認められないが、例えば生理日の休暇について原則として無給とし、1カ月のうち1日のみを有給とすることは認められる。
オ．生理日の休暇を取得した日は、年次有給休暇の出勤率の算定に際しては、労基法上出勤したものとはみなされない。

解答 p.326

労務管理 2級

B●就業管理 ＞ 6●休暇

4● 法定外休暇（任意休暇）
テキスト第2章第6節

問題 57

H26後

厚生労働省が行った「平成25年就労条件総合調査」において、特別休暇制度があると回答した企業のうち最も実施率の高い特別休暇制度は、次のうちどれか。

ア．病気休暇
イ．リフレッシュ休暇
ウ．ボランティア休暇
エ．夏季休暇
オ．教育訓練休暇

解答 p.328

問題 58

H28前

法定外休暇に関する記述として不適切なものは、次のうちどれか。

ア．「平成25年就労条件総合調査」（厚生労働省）によると、リフレッシュ休暇の導入率は企業規模が大きいほど高くなっている。
イ．「平成25年就労条件総合調査」（厚生労働省）によると、夏季休暇の導入率はどの企業規模でも40％弱から40％台半ばとなっており、規模との相関はみられない。
ウ．休職制度とは、労務に従事させることが不可能な事由が生じた場合に、使用者が雇用関係は維持しながら一定期間労働を免除する制度である。
エ．労働者の親族にかかる慶弔休暇を定めるときは、親族の種別及び休暇の事由によって日数を定めなくてはならないとされている。
オ．労基法第39条に定められた有給休暇日数を超える日数を労使間で協約し

239

ているときは、その超過日数分については、労基法第39条によらず労使間で定めるところにより取り扱うことは差し支えない。

休暇に関する記述として不適切なものは、次のうちどれか。

ア．法が定める日数を超えて与えられている年次有給休暇の日数部分については、買上げをしても違法とはならない。
イ．時効により失効した年次有給休暇を積み立てて保存する休暇（積立保存休暇）については、私傷病やボランティア活動に限る等、休暇取得の目的を制限することができる。
ウ．永年勤続者等の慰労を主な目的としたリフレッシュ休暇の対象者の選考に際しては、勤続要件だけでなく、懲戒処分を受けたことがない等の要件を設けてもよい。
エ．慶弔休暇は、試用期間中の者には与えないこととしてもよい。
オ．育児・介護休業法の定めにより休業した期間は労働日には含まれないため、年次有給休暇の出勤率の計算においては、分母（労働日）、分子（出勤日）の両方から除く。

労務管理 2級

B●就業管理 ＞ 7●有期契約労働者の雇用・就業管理

2●特定有期雇用労働者に係る無期転換権の特例

テキスト第2章第7節

問題 60

H27後

有期雇用特別措置法に基づく「高度専門職に対する無期転換ルールの特例」に関する記述として適切なものは、次のうちどれか。

ア．システムコンサルタントに関しては、システムエンジニアとしての実務経験が7年以上なければ、高度専門職には該当しない。
イ．最初の有期労働契約の開始時点から3年を経過した高度専門職を、4年目から新たに7年のプロジェクトに従事させる場合、最初の雇入れから7年を超えた時点で無期転換申込権が発生する。
ウ．高度専門職の有期雇用労働者について、無期転換申込権が発生しない期間の上限は12年である。
エ．特例の対象となる有期雇用労働者との契約の締結・更新に際し、プロジェクトに係る期間について無期転換申込権が発生しない旨を書面で明示すれば足り、プロジェクトの具体的な範囲については明示する必要はない。
オ．賞与については、最低保障額が定められていて、当該額については確実に支払われることが見込まれる場合であっても、高度専門職の有期雇用労働者の年収要件の判断において賃金に含めない。

解答 ●p.331

B●就業管理 ＞ 9●派遣労働者の雇用・就業管理
6●適正な派遣就業の確保のために派遣先が講ずべき措置等　テキスト第2章第9節

派遣労働者に関する記述として適切なものは、次のうちどれか。

ア．派遣労働者は、育児休業を取得することができない。
イ．派遣労働者に対する雇入れ時の健康診断は、派遣先事業主が行わなければならない。
ウ．派遣労働者については、派遣元事業主だけでなく派遣先事業主にも、セクシュアルハラスメント防止のための義務が課せられている。
エ．派遣先事業主は、紹介予定派遣の場合に、事前面接等の派遣労働者を特定する行為をしてはならない。
オ．派遣労働者の年次有給休暇の請求は派遣元事業主に対して行うが、「事業の正常な運営を妨げる場合」に該当するかどうかの判断は、派遣先事業主が行うことになる。

解答 ●p.332

派遣就業の派遣先事業における管理体制に関する記述として誤っているものは、次のうちどれか。

ア．派遣先は、派遣先事業所ごとに専属の者を、当該事業所に勤務する管理職の中から派遣先責任者として選任しなければならない。
イ．製造業務に従事させるために50人を超え100人以下の派遣労働者を受け入れる事業所においては、当該事業所の派遣先責任者のうち1名を製造業務専門派遣先責任者としなければならない。
ウ．派遣先事業所は、派遣労働者から苦情を受けたときには、苦情の申し出

を受けた年月日、その内容、処理状況等についてそのつど派遣先台帳に記入し、その内容を派遣元に通知しなければならない。

エ．派遣先は、派遣労働者の就業日及び就業日ごとの始業・終業の時刻・休憩時間について１カ月ごとに１回以上、一定の期日を定めて、派遣元に対して書面の交付、ファクシミリの利用、電子メールの送信のうちいずれかの方法により通知しなければならない。

オ．派遣先台帳は、労働者派遣の終了日から３年間保存しなければならない。

過去問題編

B●就業管理 ＞ 11●妊産婦等の就業管理

1●妊産婦の休暇・休業
テキスト第2章第11節

問題 63

H26後

労基法で規定する「産前産後休業」に関する記述として誤っているものは、次のうちどれか。

ア．産前休業は、6週間（多胎妊娠の場合にあっては、14週間。以下同じ）以内に出産する予定の女性から、請求があった場合に与えなければならないが、請求がなければ、妊産婦に係る労働時間規制の範囲内において、産前6週間の出産予定日までの間、労働させることができる。
イ．産前産後休業をした期間は、年次有給休暇の出勤率の算定上出勤したものとみなす。
ウ．産前産後休業期間に係る賃金支払いの有無及び支払う場合の賃金額については、労働協約、就業規則等の定めによる。
エ．産前産後休業をした期間は、平均賃金の算定にあたって算定基礎期間から除外する。
オ．健康保険・厚生年金保険には、被保険者たる女性労働者が産前産後休業をした期間中の保険料免除制度は設けられていない。

解答 p.334

問題 64

H27前

妊産婦等の就業管理に関する記述として適切なものは、次のうちどれか。

ア．妊娠・出産等を理由とする不利益取扱いは認められないが、妊娠・出産等の終了から半年を経過して不利益取扱いがなされた場合は、当該取扱いは妊娠・出産等を契機としているとは認められない。
イ．妊娠中の労働者は、軽易な業務への転換を使用者に請求することができ

244

る。
ウ．派遣労働者が妊娠した場合、派遣先が妊娠したことを理由として派遣労働者の交替を求めることは不利益取扱いに該当しない。
エ．1年間の契約期間で雇用されている労働者について、産前産後休業及び育児休業を取得することにより次の契約期間の全てについて全く役務の提供ができない場合に、事業主が契約を更新しないことは不利益取扱いに該当しない。
オ．賞与支給額の算定にあたり、産前産後休業期間が終了して職場復帰後において労働能率が低下した場合に、その低下割合を減額評価することは、不利益取扱いに該当する。

妊産婦に対する会社の対応として適切なものは、次のうちどれか。

ア．産後6週間を経過した女性労働者に対し、業務繁忙のため、職場復帰を命じた。
イ．「産前産後休業期間中における健康保険料と厚生年金保険料は、免除されない」と女性労働者に説明した。
ウ．「母性健康管理指導事項連絡カード」を活用して、妊娠中及び出産後の女性労働者の雇用管理を行った。
エ．妊娠した女性労働者から、母子保健法に定める健康診査のための休暇取得について申出があったが、業務が多忙であったことから、所定の休日に行くように指示した。
オ．妊娠中の女性労働者が、つわりによる症状がひどいことから、時差通勤を申し出たが、認めなかった。

妊産婦の就業管理に関する記述として誤っているものは、次のうちどれか。

ア．妊産婦の場合、本人からの請求の有無にかかわらず、妊娠・出産・哺育等に有害な業務に就かせてはならない。
イ．6週間（多胎妊娠の場合にあっては14週間）以内に出産する予定の女性が休業を請求した場合においては、その者を就業させてはならない。
ウ．妊娠中の女性が請求した場合においては、他の軽易な業務に転換させなければならない。
エ．妊娠していることを告げた期間雇用の女性労働者について、あらかじめ契約の更新回数について上限が明示されている場合、当該回数を引き下げてはならない。
オ．妊産婦が請求した場合は、フレックスタイム制による労働をさせてはならない。

労務管理 2級

B●就業管理 ＞ 12●育児・介護にかかわる者の就業管理

1●育児休業制度　　テキスト第2章第12節

3歳に満たない子を養育する労働者に対する短時間勤務制度について、労使協定により対象外とすることができる「業務の性質又は業務の実施体制に照らして短時間勤務制度を講ずることが困難と認められる業務」に関する平成21年厚生労働省告示第509号に例示されていないものは、次のうちどれか。

ア．個人ごとに担当する企業、地域等が厳密に分担されていて、他の労働者では代替が困難な営業業務
イ．流れ作業方式による製造業務であって、短時間勤務の者を勤務体制に組み込むことが困難な業務
ウ．コールセンター等において、問合せ等に従事する電話受信の業務
エ．欧米路線等に就航する航空機において従事する客室乗務員の業務
オ．労働者数が少ない事業所において、業務に従事しうる労働者数が著しく少ない業務

過去問題編

B●就業管理　＞　12●育児・介護にかかわる者の就業管理

4●育児・介護休業を取得した者等の雇用管理上の配慮　テキスト第2章第12節

問題 68

時間外労働、深夜労働に関する記述として誤っているものは、次のうちどれか。

ア．小学校就学前の子を養育する労働者で、期間の定めのない雇用契約を結び、勤続2年となる者が請求した場合には、事業主は、原則として1カ月について24時間を超えて時間外労働をさせることはできない。
イ．労基法の労働時間等の適用が適用除外とされている管理監督者であって、産後1年を経過しない女性が請求した場合には、法定労働時間を超えて労働させることはできない。
ウ．小学校就学前の子を養育する労働者で、1週間の所定労働日数が3日の者が請求した場合には、事業主は、原則として1カ月について24時間を超えて時間外労働をさせることはできない。
エ．1年単位の変形労働時間制を採用している事業場において、産後1年を経過しない女性が請求した場合には、1日について8時間を超えて労働させることはできない。
オ．小学校就学前の子を養育する労働者で、期間の定めのない雇用契約を結んでいる者が請求した場合には、原則として、深夜に勤務をさせてはならないが、深夜において、その子を常態として保育することができる同居の家族がいるときは、その限りではない。

育児・介護休業法における介護休業に関する記述として適切なものは、次のうちどれか。

248

ア．介護休業の対象となる家族の範囲である配偶者に、内縁関係にある者は含まない。
イ．就業規則で規定すれば、パートタイム労働者を介護休業の対象から除外することができる。
ウ．介護休業期間中の社会保険料は、保険者に申請した場合、被保険者負担分、事業主負担分共に免除される。
エ．家族の介護を行う労働者が請求した場合、1カ月について24時間、1年について150時間を超える時間外労働をさせることはできないが、三六協定を締結している場合は、その限りでない。
オ．労使協定を締結することにより、継続して雇用された期間が1年に満たない労働者を介護休業の対象から除外することができる。

B●就業管理　>　14●高年齢者の雇用・就業管理

2●高年齢者の雇用・就業管理にあたって　テキスト第2章第14節

高年齢者雇用安定法に定める高年齢者雇用確保措置として、継続雇用制度を制定する場合、その内容として不適切なものは、次のうちどれか。

ア．定年退職者が再雇用を希望する場合であったとしても、就業規則に定める解雇理由又は退職理由と同一の事由に該当するときは、再雇用しないことができると定めること。
イ．再雇用者は、雇用期間1年の嘱託として週4日勤務し、原則として65歳まで更新をすることができると定めること。
ウ．55歳の時点で、①従前と同等の労働条件で60歳定年で退職、②55歳以降の労働条件を変更したうえで、65歳まで継続して働き続ける、のいずれかを労働者本人の自由意思により選択する制度を導入すること。
エ．定年退職者に係る事業主が、100％子会社との間で、定年退職者であって希望する者を100％子会社の社員として採用する契約を締結すること。
オ．過去3年間の人事考課がB以上であって、かつ、会社が必要と認める者を再雇用すると定めること。

解答　p.342

高年齢者の雇用に関する記述として不適切なものは、次のうちどれか。

ア．労働者の募集及び採用にあたって、事業主のやむを得ない理由により、65歳未満の上限年齢を設けて行う場合、求職者からその理由の提示を求められたときには、事業主は、募集及び採用の際に用いる書面やホームページに併せて記載する方法で行わなければならない。

イ．45歳以上65歳未満の者が、事業主の都合により解雇されて離職し、当該離職者が希望した場合には、事業主は、求職活動支援書を作成して交付しなければならない。
ウ．事業主は、作業施設の改善や、その他の諸条件の整備を図るための業務を担当する高年齢者雇用推進者を選任するよう、努めなければならない。
エ．60歳以上65歳未満の雇用保険被保険者であって、被保険者期間が5年以上である者は、60歳到達時点に比べて、各月の賃金額が75％未満に低下した状態で雇用されている場合には、原則として、高年齢雇用継続基本給付金を受給することができる。
オ．65歳未満の定年制を導入している事業主は、報酬比例部分の厚生年金保険支給開始年齢の引上げスケジュールにあわせ、平成37年4月までに段階的に定年を65歳に引き上げなければならないとされている。

問題72

「有期雇用特別措置法による特例の適用を希望する事業主が実施する継続雇用の高齢者の特性に応じた雇用管理に関する措置」の内容について不適切なものは、次のうちどれか。

ア．作業施設や作業方法の改善を行う。
イ．職業能力を評価する仕組み、資格制度、専門職制度等の整備を行う。
ウ．高年齢者雇用推進者を選任する。
エ．職務等の要素を重視する賃金制度を適用する。
オ．定年前と同等の勤務時間制度を適用する。

過去問題編

B●就業管理　＞　15●障害者の雇用・就業管理

1●実雇用率算定の特例
テキスト第2章第15節

障害者雇用に関する記述として誤っているものは、次のうちどれか。

ア．一般事業主は、常用労働者数に応じて一定割合以上の障害者を雇用しなければならないとされている。その障害者雇用率は、2.0％である。
イ．重度知的障害者については、障害者雇用率を算定するにあたって、2人の知的障害者を雇用しているものとしてカウントする。
ウ．事業主が、精神障害者保険福祉手帳を所持する精神障害者である短時間労働者を雇い入れた場合、その事業主の実雇用率を算定するにあたって、0.5人としてカウントする。
エ．障害者雇用における短時間労働者とは、1週間の所定労働時間が通常の労働者の1週間の所定労働時間より短く、かつ1週間の所定時間が20時間以上30時間未満の者をいう。
オ．一般事業主は、雇用する労働者の数にかかわらず毎年6月1日現在における対象障害者（障害者雇用率の算定対象となる障害者をいう）の雇用状況を、「障害者雇用状況報告書」により公共職業安定所に報告しなければならない。

解答●p.345

企業の法定障害者雇用率に係る雇用障害者数の算定方法に関する記述として正しいものは、次のうちどれか。

労務管理 2級

ア．法定雇用障害者数の算定式は、原則として次のとおりである。

イ．労働者を産業医が精神障害者と判定した場合には、障害者1人としてカウントすることができる。
ウ．重度でない知的障害者である週所定労働時間が20時間の短時間労働者については、障害者としてカウントしない。
エ．週所定労働時間が30時間以上の重度身体障害者は、障害者1人としてカウントすることができる。
オ．精神障害者である週所定労働時間が20時間の短時間労働者については、障害者としてカウントすることはできない。

解答 p.345

問題 75

H28後

障害者雇用に関する記述として適切なものは、次のうちどれか。

ア．常用労働者数が1,000人の一般の民間企業においては、18名の障害者（この場合、障害者1人を1人としてカウントする）を雇用していれば、障害者雇用率を満たしている。
イ．法律上、1人以上の障害者の雇用を義務づけられている一般の民間企業の事業主は、障害者を雇い入れるつど、所轄公共職業安定所長に報告しなければならない。
ウ．障害者雇用率のカウント対象となる短時間労働者とは、1日あたり所定労働時間が5時間以上6時間未満の者で、雇用保険の被保険者となっている者をいう。
エ．厚生労働大臣は、企業が公共職業安定所長に命じられて作成し、提出した「障害者雇入れに関する計画」につき計画が著しく不適当と認めるときは、変更の勧告を行うことができ、当該企業がその勧告に従わなかったときは企業名の公表をすることができる。

253

オ．雇用する常用労働者数の規模にかかわらず、法定の障害者雇用率を達成していない事業主は、その不足障害者数に応じて障害者雇用納付金を納付しなければならない。

労務管理 2級

B●就業管理 ＞ 15●障害者の雇用・就業管理

2●障害者の雇用・就業管理　　　　　　テキスト第2章第15節

障害者の雇用に関する記述として不適切なものは、次のうちどれか。

ア．障害者雇用促進法における障害者は、身体障害者・知的障害者・精神障害者を指すが、その確認は、原則として、身体障害者手帳・療育手帳・精神障害者保健福祉手帳により行う。
イ．雇用されている障害者である労働者の職業生活に関する相談及び指導を行わせるために、障害者（法令で定める者に限る）を5人以上雇用する事業所においては、障害者職業生活相談員を選任しなければならない。
ウ．知的障害者と労働契約を結ぶ場合には、本人が労働契約の内容を理解できるようにふりがなをつけたり、わかりやすい説明書を用意する等の配慮が必要である。
エ．障害によっては、検査や投薬のため、定期的に通院が必要な場合もある。その場合には、法定の年次有給休暇のほかに、法定外休暇として通院休暇等の独自な特別休暇を設ける等、柔軟な対応が望まれる。
オ．障害者である労働者を、当該労働者の責に帰すべき事由により解雇する場合には、公共職業安定所長に届け出なければならない。

解答●p.348

障害者の雇用に関する記述として不適切なものは、次のうちどれか。

ア．障害者である労働者を会社都合により解雇する場合には、速やかに公共職業安定所長に届け出なければならない。
イ．知的障害者の採用面接時に、就労支援機関の職員等の同席を認めること。

255

ウ．厚生労働大臣は、法定雇用率未達の事業主に対して障害者の雇入れに関する計画を作成することを命じ、その変更・実施に関する勧告に従わない場合はその旨を公表することがある。
エ．障害者は、身体障害者・知的障害者・精神障害者を指すが、その確認は原則として身体障害者手帳・療育手帳・精神障害者保健福祉手帳により行う。
オ．障害者の実雇用率の算定にあたっては、精神障害者を雇用している場合には、当該者1人につき、身体障害者又は知的障害者の0.5人としてカウントする。

労務管理 2級

B●就業管理 ＞ 16●外国人労働者の雇用・就業管理

1●外国人労働者の雇用・就業管理

テキスト第2章第16節

外国人雇用に関する記述として誤っているものは、次のうちどれか。

ア．永住者は、在留活動に制限がないが、事業主は雇入れ、離職の際に外国人雇用状況を公共職業安定所に届け出なければならない。
イ．ワーキングホリデー制度による入国者は、我が国の文化及び一般的な生活様式を理解するために、一定期間の休暇を日本で過ごす活動に必要な旅行資金を補うために、必要な範囲内の報酬を受ける活動が認められているので、職種を問わず就労することができる。
ウ．厚生年金保険の被保険者期間が6カ月以上で年金受給権を有しない外国人が資格喪失したうえで出国した場合には、脱退一時金を請求することができる。
エ．外国人の在留資格の確認の手段としては、在留カード、パスポート、住民票記載事項証明書で行うことができる。
オ．外国人が不法滞在期間に業務上負傷した場合に、労災保険の請求様式に事業主が所定の証明をしなかった場合でも、当該外国人は自身で労災保険の請求をすることができる。

外国人労働者の就業管理に関する記述として適切なものは、次のうちどれか。

ア．外国人を採用する場合には、使用者は入国時に身元保証人となった者による身元保証書を提出させなければならない。
イ．アルバイトとして採用が決定した外国人留学生には、資格外活動許可が

257

必要であり、事業主はそれを確認できる書面の提示を求めなければならない。
ウ．海外において被用者として就労する外国人が、5年を超えない見込みで日本に派遣される場合であって、両国間に社会保障協定が締結されているときは、派遣元国の社会保障制度への加入は免除され、就労する国の社会保障制度のみに加入することになる。
エ．外国人労働者を募集する者には、外国人雇用サービスセンターを利用して行わなければならない。
オ．在留期限を超過して日本に在留しているいわゆるオーバーステイの外国人が業務上負傷した場合には、労災保険の適用は受けられない。

1 ● 技術の進歩・環境の変化と安全衛生の課題

「平成27年労働災害発生状況」（厚生労働省）に基づく労働災害の傾向等に関する記述として不適切なものは、次のうちどれか。

ア．死亡災害及び休業４日以上の災害による死傷者数は、平成26年と比較して減少している。
イ．死亡災害が最も多い業種は、製造業である。
ウ．社会福祉施設における休業４日以上の死傷災害の発生件数は、平成24年以降増加傾向にある。
エ．全産業において最も多い事故の類型は「転倒」である。
オ．第３次産業における死亡災害の発生件数は、保健衛生業よりも商業のほうが多い。

過去問題編

C●労働安全衛生・福利厚生　＞　1●安全衛生管理

2●労働災害の防止に関する事業者の義務と責任　テキスト第3章第1節

労働安全衛生マネジメントシステム等に関する記述として適切なものは、次のうちどれか。

ア．労働安全衛生マネジメントシステムは、国際的な潮流であるボトムアップによる安全衛生管理の手法である。
イ．労働安全衛生マネジメントシステムの構築のためには、リスクアセスメントの実施が不可欠である。
ウ．我が国における労働安全衛生マネジメントシステムは、P（計画）、D（実施）、C（点検・評価）の3つのサイクルで行われている。
エ．ヒヤリ・ハット事例は、リスクアセスメントを実施する場合の資料としては参考程度にとどめるのが望ましい。
オ．労働安全衛生マネジメントシステムへの取組みは、法令上、総括安全衛生責任者が統括管理する業務の中には、含まれていない。

解答　p.355

安衛法上の衛生委員会に関する記述として正しいものは、次のうちどれか。

ア．衛生委員会と安全委員会とを兼ね、安全衛生委員会として設けることはできない。
イ．衛生委員会は、6カ月以内ごとに1回開催しなければならない。
ウ．衛生委員会の議長は、衛生管理者である委員のうちから、事業者が指名しなければならない。
エ．衛生委員会の議長を除く全委員は、事業場の過半数代表者の推薦に基づ

260

き、事業者が指名しなければならない。
オ．事業者は、衛生委員会における議事で重要なものに係る記録を作成し、これを3年間保存しなければならない。

労働安全衛生マネジメント等に関する記述として不適切なものは、次のうちどれか。

ア．労働安全衛生マネジメントシステムは、職場の安全衛生に関して［P（計画）→D（実施）→C（点検）→A（見直し）］のサイクルを回しながら安全衛生水準を向上させるものである。
イ．事業者は、労働安全衛生マネジメントシステムを構築、運用している場合で労働基準監督署長の認定を受けたときには、機械等の設備等に係る計画の届出が免除される。
ウ．リスクアセスメントとは、潜在する危険有害性及び危険有害事象を特定し、被害の大きさと災害の発生確率を推定し、対策の優先度を決定する手順のことをいい、労働安全衛生マネジメントシステムを構築する場合には不可欠な作業である。
エ．リスクアセスメントを実施する場合、自社及び他社等で発生した事故及び労働災害、労働者が経験したヒヤリ・ハット事例、機械のトラブル事例等が重要な素材となる。
オ．労働安全衛生マネジメントシステム及びリスクアセスメントの実施については、労働安全衛生法により罰則つきで事業者に義務づけられている。

過去問題編

安全配慮義務に関する記述として適切なものは、次のうちどれか。

ア．労働災害に関して、損害賠償の請求に係る民事訴訟を提起する場合、原告は、使用者の不法行為若しくは債務不履行のいずれか一方を選択して、提訴しなければならない。
イ．安全配慮義務は、安衛法に規定されている危険又は健康障害を防止するための措置の範囲に限定される。
ウ．建設業における下請事業者の労働者は、雇用関係にない元方事業者を安全配慮義務違反の被告として訴えることができない。
エ．労働契約の中に関係事項が明記されていない場合、労働者は使用者の安全配慮義務違反を主張できない。
オ．安全配慮義務違反を債務不履行として訴える場合には、その時効は10年である。

解答 p.357

労働安全衛生マネジメントシステム、リスクアセスメント等に関する記述として不適切なものは、次のうちどれか。

ア．労働安全衛生マネジメントシステムは、安衛法に事業者の遵守義務として規定されている。
イ．労働安全衛生マネジメントシステムの構築にあたっては、まず、リスクアセスメントを行い、機械設備、職場環境等の危険有害要因を特定することが必要である。
ウ．リスクアセスメントの結果をリスクレベルで評価する場合、我が国では数値による方法又はマトリックスによる方法によって行うのが一般的であ

る。
エ．労働安全衛生マネジメントシステムの運用は、関係者の安全衛生管理への参加意識の高揚、文書化による安全衛生管理の継続性の維持等の効果がある。
オ．機械設備の製造者等は、リスクアセスメントの結果に基づき、本質的安全設計方策、安全防護及び付加保護方策を実施する他、使用上の情報を作成し、ユーザーに提供することが必要である。

C ● 労働安全衛生・福利厚生　＞　1 ● 安全衛生管理

4 ● 派遣労働者の安全衛生の確保

派遣労働者の安全衛生及び災害補償に関する記述として不適切なものは、次のうちどれか。

ア．派遣先事業主は、派遣労働者が業務上の事由で負傷し、又は疾病にかかって4日以上休業した場合、又は死亡した場合には、労働者死傷病報告を、そのつど、所轄労働基準監督署長に提出し、その写しを派遣元事業主に送付しなければならない。

イ．派遣労働者に係る雇入れ時の安全衛生教育は、派遣元事業主が行うこととされているが、派遣先事業主は、派遣元事業主からの委託に応じて行うことができる。

ウ．派遣労働者が、派遣先からの帰宅の途中で被災し、負傷した場合には、派遣先において成立している労災保険により給付を受けることができる。

エ．総括安全衛生管理者を選任している労働者派遣事業の派遣元責任者は、派遣労働者の安全衛生に関して、当該派遣元の総括安全衛生管理者及び派遣先との連絡調整を行うこととされている。

オ．製造業務に労働者を派遣する派遣元事業主は、当該派遣労働者を専門に担当する派遣元責任者を選任しなければならない。

C ● 労働安全衛生・福利厚生 ＞ 1 ● 安全衛生管理

5 ● 労働安全衛生教育時の留意事項

問題 87

安全衛生教育の方法等に関する記述として適切なものは、次のうちどれか。

ア．事業者は、雇入れ時の安全衛生教育を行ったときは、受講者、科目等の記録を作成して、これを3年間保存しておかなければならない。
イ．建設業、林業、鉱業、運送業、清掃業の業種にあっては、職長その他管理監督の立場にある者に対して、職長教育を実施することが義務づけられている。
ウ．職長等の教育については、厚生労働省が通達で定めたカリキュラムによる講師等の養成講座を修了した者に担当させることが望ましい。
エ．講義方式の教育は、多くの対象者に対して実践的な教育ができる効果的な教育方法である。
オ．作業手順に関する教育は、雇入れ後一定時間が経過して事業場の慣行、配属職場の雰囲気に慣れた時に実施しなければならない。

解答 ● p.360

問題 88

安全衛生教育のうち法律で義務づけられていないものは、次のうちどれか。

ア．新たに雇い入れた者に対して行う教育
イ．石綿が使用されている建築物の解体の作業に新たに従事する者に対して行う教育
ウ．建設業や一部の製造業などの職長その他管理監督者に対して行う教育
エ．VDT（Visual Display Terminals）作業に従事する作業者及び管理者に対して行う教育

265

オ．作業内容を変更した者に対して行う教育

安全衛生教育に関する記述として不適切なものは、次のうちどれか。

ア．討議方式の安全衛生教育は、講師への質問、相互の意見交換が自由に行えることから、参加者には満足感が得られる。
イ．OJTによる安全衛生教育は、新規採用者等現場における作業に熟練していない者に対して行う手法として有効である。
ウ．安全衛生教育計画を作成する場合には、５Ｗ１Ｈの原則を明らかにしておくことが重要である。
エ．安全衛生教育は事例に学ばせると効果的であることから、教育素材としては、災害事例、ヒヤリ・ハット事例等を多く活用する。
オ．問題解決方式の安全衛生教育は、知識が少ない新規採用者の教育に有効である。

労務管理 2級

C●労働安全衛生・福利厚生　＞　2●健康管理・メンタルヘルス

1●職場環境の管理と改善　　　　　　　　　　　テキスト第3章第2節

職場の腰痛対策に関する記述として不適切なものは、次のうちどれか。

ア．立ち作業を行う場合には、おおむね1時間に1〜2回程度の小休止を取り、下肢の屈伸運動等を行う。
イ．18歳以上の男子労働者が人力で重量物を常時取り扱う場合は、体重の60％以下となるように努める。
ウ．取り扱うものの重量を見やすいところに明示する。
エ．重量物を2名以上で取り扱うときは、できるだけ身長差が少ないメンバーで行う。
オ．重量物を持ち上げるときは対象物をできるだけ体に近づけ、重心を低くして持ち上げる。

解答　p.363

健康診断の実施に関する記述として不適切なものは、次のうちどれか。

ア．雇入れ時の健康診断は、常時使用する労働者を新たに雇い入れる場合、採用の可否を決定するために行う。
イ．定期健康診断は、常時使用する労働者に対し、1年以内ごとに1回、定期に行う。
ウ．特定業務従事者の健康診断は、深夜業に常時従事する労働者、坑内労働等に常時従事する労働者に対し、当該業務への配置替えの際及び6カ月以内ごとに1回定期に行う。
エ．海外派遣労働者の健康診断において、海外へ6カ月以上派遣しようとす

267

る労働者については派遣前に、海外に6カ月以上派遣した労働者を国内業務に就かせる場合（一時的である場合を除く）については帰国後に行う。
オ．事業場に付属する食堂、炊事場で給食に従事する労働者に対しては雇入れ時、又は配置換えの際に検便による健康診断を行う。

健康管理等に関する記述として適切なものは、次のうちどれか。

ア．事業者は、労働者の受けた健康診断結果に基づき健康診断個人票を作成して、これを5年間保存しなければならない。
イ．THP（Total Health Promotion Plan）には、保健指導は含まれていない。
ウ．事業者が行う健康管理は、労働者の疾病を早期に発見するための健康診断に限定される。
エ．一般健康診断とは、雇入れ時の健康診断、定期健康診断、特殊健康診断、海外派遣労働者健康診断及び給食従業員の検便のことをいう。
オ．かつて成人病と言われた高血圧疾患・狭心症・虚血性疾患の発症原因は、遺伝的要素に限定される。

労務管理 2級

C●労働安全衛生・福利厚生　>　2●健康管理・メンタルヘルス

3●メンタルヘルスの推進　　テキスト第3章第2節

労働者の心身両面にわたる健康確保等に関する記述として不適切なものは、次のうちどれか。

ア．事業者は、労働者に対する健康教育及び健康相談、その他労働者の健康の保持増進を図るため必要な措置を、継続的かつ計画的に講ずるように努めなければならない。
イ．THP（Total Health Promotion Plan）は、健康測定、運動指導、メンタルヘルスケア、栄養指導、保健指導をセットにしたものである。
ウ．THPにおけるメンタルヘルスケアは、メンタル不調者の早期発見、早期治療を第一の目的としている。
エ．心の健康の情報収集及び収集した情報を利用するにあたっては、個人情報保護への配慮が必要である。
オ．事業者は、労働者の健康保持増進を図るため、体育活動、レクリエーション、その他の活動について便宜を供与する等、必要な措置を講ずるように努めなければならない。

解答●p.368

業務外の私生活等が原因である精神的な疾患で欠勤していた従業員が、「ストレス性抑うつ障害により今後3カ月程度の休養加療を要す」との診断書を提出してきた。そこで、会社は無給の休職命令を発令することにした。この従業員の休職にあたって、会社としての対応を検討した際に出された意見として不適切なものは、次のうちどれか。

269

ア．人事担当者は、休職中も頻繁に休職者との双方向のコミュニケーションを図り、安心して療養に専念ができるよう支援をすることを説明する。
イ．休職期間中は、健康保険から一定の傷病手当金が支給され、全くの無収入になるわけではないこと等、経済的不安を少しでも取り除き、安心して療養ができるように説明する。
ウ．メンタルヘルス不調者の状況に応じて、メンタルヘルス・カウンセリングやリワーク支援等を実施して、効果的に心の問題を解消し、早期職場復帰、再発防止をサポートする公的又は民間の職場復帰支援サービス等を紹介し、休職中の不安感や孤立感を和らげることができるサービスがあることを説明する。
エ．会社は休職中の職場の業務体制を整えるので他の従業員に迷惑がかかる等の心配はないこと、会社は業務による病状の悪化を防止する健康配慮義務がある等、安心して療養ができるよう、休職制度について説明する。
オ．休職になると、職場復帰できなければ退職となり、将来の不安を抱えることになることから、その不安を少しでも取り除き、将来の見通しを持って安心して療養ができるように、人事担当者は職場復帰支援プラン等を説明する。

C ●労働安全衛生・福利厚生　>　2 ●健康管理・メンタルヘルス

4 ● 過重労働による健康障害防止

長時間労働者への医師による面接指導制度に関する記述として不適切なものの組合せは、次のうちどれか。

A．時間外・休日労働時間が1カ月あたり100時間を超過し、疲労の蓄積が認められる労働者が面接指導を申し出たときは、事業者は医師による面接指導を行う義務がある。
B．面接指導の対象者を抽出するためには、適正な労働時間管理を行う必要があり、毎月1回以上、一定の期日を決めて管理監督者を除く労働者の時間外・休日労働の算定を行う。
C．事業者は、労働者の疲労の蓄積状況その他の心身の状況、聴取した医師の意見等を記録し、保存する必要があり、面接指導を実施しない場合、行政機関から改善報告を求められる場合がある。
D．面接指導の費用や面接指導を受けるのに要した時間に係る賃金の支払いについては、どちらも事業者が負担すべきものではなく、労使協議して定めるべきものである。
E．労災認定された自殺事案をみると、長時間労働であった者が多いことから、面接指導の際には、うつ病等のストレスが関係する精神疾患等の発症を予防するために、メンタルヘルス面も配慮される。

ア．AとB
イ．AとD
ウ．AとE
エ．BとC
オ．BとD

C ● 労働安全衛生・福利厚生 ＞ 2 ● 健康管理・メンタルヘルス

5 ● ストレスチェックの集団分析の実施

50人以上の事業所におけるストレスチェック制度の実施に関する記述として誤っているものは、次のうちどれか。

ア．事業者は、常時使用する労働者に対し、1年以内ごとに1回、定期的にストレスチェックを実施しなければならない。
イ．人事課長など、受検労働者に対し解雇、昇進又は異動に関して直接の権限を持つ監督的地位にある者は、ストレスチェックの実施事務に従事できない。
ウ．ストレスチェックの実施者は、医師又は保健師等である。
エ．各個人のストレスチェックの結果は、実施者から事業者に報告される。
オ．事業者は、ストレスチェックの実施状況を、所轄労働基準監督署長に報告しなければならない。

C●労働安全衛生・福利厚生　＞　3●福利厚生

1●法定外福利厚生

テキスト第3章第3節

法定外福利厚生制度を決定する要因として最も不適切なものは、次のうちどれか。

ア．従業員の生活
イ．企業の経営戦略
ウ．高収益同業他社の制度
エ．公的保障・支援制度
オ．企業の社会的責任

解答●p.373

法定福利費に該当するものは、次のうちどれか。

ア．住宅取得者に対する銀行ローンの利子補給
イ．介護保険料の事業主負担分
ウ．財形貯蓄の奨励金
エ．労災上乗せ補償保険の費用
オ．事業主が負担する人間ドックの費用

解答●p.373

カフェテリアプランに関する記述として不適切なものは、次のうちどれか。

ア．カフェテリアプランに、自己啓発、資格取得、マルチスキル化等に役立つメニューを取り入れることにより、従業員のエンプロイアビリティを高めることができる。
イ．カフェテリアプランを導入することにより、少子・高齢化に伴う育児・介護等、新しい社会的ニーズに対応しやすい仕組みができる。
ウ．カフェテリアプランを導入することにより、従業員、企業双方にとってマイナスになることはない。
エ．カフェテリアプランは、メニューの利用状況を把握することができることから、メニューのスクラップ・アンド・ビルドが促進できる。
オ．総合型アウトソーシング会社と連携して、カフェテリアプランを導入することにより、自前方式に比べて、導入コストや管理コストを大幅に削減できる。

3 ● 福利厚生制度の種類別実施状況

労災保険の給付等に関する記述として正しいものは、次のうちどれか。

ア．療養費用の支給は、労災指定医療機関等で受診しなければ、支給されない。
イ．労災法に基づく社会復帰促進等事業として、義肢等の支給、労災就学等援護費や、労災就労保育援護費の支給などが行われている。
ウ．休業補償給付の支給期間は、業務上の負傷又は疾病による療養のために休業し、賃金を受けないこととなった日から起算して、1年6カ月間である。
エ．労災保険の給付を受ける権利は、3年を経過したときは時効によって消滅する。
オ．労災保険の給付請求は、被災した労働者を使用する事業主の判断に基づいて行われる。

労務管理 2級

ビジネス・キャリア®検定試験
解答・解説編

解答・解説編

A●労使関係　>　1●労働契約・就業規則

1 ● 労働契約の原則

テキスト第1章第1節

 解答　　　　　　　　　　　　　　　　　　　　　　H27後

正解　ア

ポイント　労働者派遣契約や偽装請負、労働契約の適切な理解度を問う。「人を使う」契約には多様なものがあるので、労働契約との相違を理解しておくこと。

解説

ア．適切。選択肢のとおり（民法第643条）。
イ．不適切。請負契約は、当事者の一方がある仕事を完成することを約するもので、業務遂行にあたってどのようなやり方で仕事を行うかの指揮命令を受けない。選択肢のケースは、いわゆる偽装請負となる。
ウ．不適切。労働契約は、当事者の一方が労働に従事することを約するもので、どのようなやり方で仕事を行うかの指揮命令を受ける。
エ．不適切。派遣労働者は派遣先の指揮命令を受ける。
オ．不適切。派遣労働者は派遣先とは労働契約がないが、派遣元とは労働契約がある。

 解答　　　　　　　　　　　　　　　　　　　　　　

正解　オ

ポイント　就業規則の不利益変更の要件である「合理性」判断の具体的な内容に関する知識を問う。基本的には判例の知識であるが、これは重要なポイントである。

解説

ア．判断要素とされる（労契法第10条）。
イ．判断要素とされる（労契法第10条）。
ウ．判断要素とされる（労契法第10条）。

278

エ．判断要素とされる（労契法第10条）。
オ．判断要素とされない。労契法第11条及び労基法第89条に規定された行政官庁への届出が、就業規則の効力発生要件か否かについては争いがあるものの、少なくとも労契法における合理性判断の要素として位置づけられてはない。

●参考文献等
・菅野 p.205
・労契法第10条

A●労使関係 ＞ 1●労働契約・就業規則

3●募集から就業まで

テキスト第1章第1節

解答

H26前

正解 イ

ポイント 労働契約に関する項目（労働契約の不利益変更、配置転換、出向、転籍、整理解雇その他の解雇、有期労働契約の更新及び雇止め、その他労働契約に関する事項）及び労働契約の成立と労働条件の関連性に関する理解度を問う。判例から引用した選択肢が多いが、実務的な観点から正解を導くことは可能であろう。

解説

ア．不適切。大日本印刷事件（最二小判昭和54年7月20日　労判323号 p.19）によると、採用内定の法的性質は実態の多様性ゆえに一義的な評価は困難であり、一般論として契約の成否を決めることはできない。同事件では、採用内定通知のほかに、労働契約締結のための特段の意思表示が予定されていなかったという事実関係ゆえに、内定通知を企業側からの承諾の意思表示と解し、解約権の留保された労働契約が成立したものと評価されている。

イ．適切。労働条件を明示すべき時期は、労働契約締結の際である。労働者の募集時点における公共職業安定所で公開している求人票の記載内容は、労働条件の明示にはあたらないが、近年公共職業安定所では、求人票の記載内容と実際の労働条件が異なる場合の対策を強化している（労基法第15条第1項）。

ウ．不適切。労働契約の成立要件は、あくまで当事者の合意であって（労契法第6条）、労働条件明示義務（労基法第15条第1項、労基則第5条）の履行は、その要件ではない。

エ．不適切。三菱樹脂事件（最大判昭和48年12月12日　民集27巻11号 p.1536）では、試用期間の性質は「処遇の実情、とくに本採用との関係における取扱についての事実上の慣行いかんをも重視すべき」とされ、「常に」有期労働契約と評価されるわけではない。事案の数としてはむしろ、解約権が

留保されつつ、本採用後の労働契約と連続した契約であると評価される場合が圧倒的に多い。神戸弘陵学園事件（最三小判平成2年6月5日　民集44巻4号 p.668）など。

オ．不適切。富士重工業事件（東京地判平成10年3月17日　労判734号 p.15）。

A●労使関係 ＞ 1●労働契約・就業規則

4●就業規則

テキスト第1章第1節

問題4 解答　H26後

正解　イ

ポイント　就業規則の周知手続の内容とその法的効果に関する理解度を問う。

解説

ア．正しい。選択肢のとおり（労契法第10条）。

イ．誤り。周知の方法は、常時各作業場の見やすい場所へ掲示し、又は備え付けること、書面を交付すること（労基法第106条）のほか、磁気ディスクへ記録し常時確認できる機器を設置するなどの方法が示されている（労基則第52条の２）。

ウ．正しい。選択肢のとおり（労契法第10条）。

エ．正しい。中部カラー事件（東京高判平成19年10月30日　労判964号 p.72）のように、判例においては実質的周知を求めるなど、周知手続を厳格に解するものが散見される。

オ．正しい。フジ興産事件（最二小判平成15年10月10日　労判861号 p.5）など。

問題5 解答　H27前

正解　ア

ポイント　就業規則の作成に関する知識の理解度を問う。

解説

ア．不適切。同一の事業場において一部の労働者についてのみ適用される別個の就業規則を作成又は変更に際しての意見聴取については、当該事業場の全労働者の過半数代表者の意見を聴くことが必要である。なお、これに加えて、使用者が当該一部の労働者で組織する労働組合等の意見を聴くことが望ましい（昭和63年３月14日基発第150号）。

労務管理 2級

- イ．適切。選択肢のとおり（昭和39年1月24日38基収第9243号）。
- ウ．適切。選択肢のとおり。問題4 イ．の解説参照（労基法第106条）。
- エ．適切。選択肢のとおり（労基法第89条）。
- オ．適切。選択肢のとおり（労契法第12条）。

問題6 解答　H27前

正解　エ

ポイント　就業規則の変更に関する知識の理解度を問う。

解説

- ア．適切。使用者において内部的に作成し、従業員に対して全く周知されていない就業規則は、労働契約関係を規律する前提条件を全く欠くというべきであるから、その内容がその後の労使関係において反復継続して実施されるなどの特段の事情がない限り、効力を有しない（関西定温運輸事件 大阪地判平成10年9月7日）。労契法第10条では周知させることも効力要件とされている。
- イ．適切。「意見を聴く」とは、諮問をするとの意であり、文字どおり労働者の団体的意見を求めるということであって、同意を得るとか協議をするとかいうことまで要求しているものではない（労基法第90条、労基法コメ下 p.908）
- ウ．適切。労契法第10条。
- エ．不適切。絶対的必要事項、相対的必要事項いずれについても、記載事項を変更した場合は届け出なくてはならない（労基法第89条）。
- オ．適切。選択肢のとおり（労契法第10条）。

問題7 解答　H27後

正解　ウ

ポイント　就業規則の目的、性格及び労基法上の規制等に関する理解度を問う。

283

解　説

ア．適切。
イ．適切。選択肢のとおり（労基法第92条）。
ウ．不適切。労基法第90条第1項の意見聴取義務は、文字通り意見を「聴取」しさえすればよいものであって、就業規則に添付した意見書の内容が、当該規則の全部ないし特定部分に反対するものであったとしても、また、その反対理由の如何を問わず、その効力発生についての他の要件を具備する限り、当該就業規則の効力には影響はないとされている（昭和24年3月28日基発第373号）。
エ．適切。就業規則は、事業場に雇用される労働者全員について適用される。正規労働者とパートタイム労働者が適用される就業規則を一括りに作成すると内容が錯綜することが懸念されるので、正規労働者に適用される就業規則とは別に、勤務態様や賃金等の労働条件の異なったパートタイム労働者のみに適用される就業規則を作成することが望ましい。なお、別規定とする場合には、昭和63年3月14日基発第150号、平成11年3月31日基発第168号を参照のこと。
オ．適切。

労務管理 2級

A●労使関係 ＞ 2●集団的労使関係

1●労働組合　　　　　　　　　　　　　　　　　　　テキスト第1章第2節

問題 8 解答　　　　　　　　　　　　　　　　　　　　　　　H28前

正解　ウ

ポイント　我が国の労働組合の特徴についての理解度を問う。

解説

ア．適切。

イ．適切。

ウ．不適切。役員人事は労働組合の関与する事項ではない。平成16年「労使コミュニケーション調査」（厚生労働省）の労使協議機関付議事項によると、経営の基本方針、以下19項目が挙げられているが、その中に会社役員人事は入っていない。したがって一般的に我が国の労働組合が労使協議の場を通じて役員人事にその意向を反映させているとはいえない。

エ．適切。

オ．適切。

問題 9 解答　　　　　　　　　　　　　　　　　　　　　　　H29前

正解　エ

ポイント　労働組合の存在意義及び実態などに関する基礎知識を問う。

解説

ア．適切。

イ．適切。例えば企業別労組については菅野 p.733参照。

ウ．適切。ユニオン・ショップ制を厳格に運用すると、企業は、組合からの除名者を解雇しなければならない。しかし、多くの企業では、この点について定めていなかったり、定めていたとしても、そのつど労使で協議することになっている。いわゆる、しり抜けユニオンとよばれるものである（菅

野 p.799)。
エ．不適切。労組法第2条第1号によって労働組合の法適合性を判断するに際しては、企業内の呼称等にとらわれず、使用者の利益代表者に該当するか否かを実質的に判断すべきとされている。セメダイン事件（最一小決平成13年6月14日　労判807号 p.5)。
オ．適切。パートタイマーの組織率について、菅野 p.778など。

問題10 解答　H28前

正解　ウ

ポイント　労使関係全般について、より深い理解をしているかどうかを問う。

解説
ア．適切。良好な労使関係の基礎は、双方に信頼感があるかどうかである。そのためには現場の管理職が、労働者と信頼関係を築くことが重要である。
イ．適切。通説・判例によると、組合専従を認めるかどうかは、企業側の判断に任されている。しかし、正当な理由がないのに拒否した場合、労働組合活動の妨害とみなされる可能性はある。
ウ．不適切。両者の役割分担は必ずしも明確ではない。
エ．適切。各年度労働組合基本調査。
オ．適切。選択肢のとおり（個別労働紛争解決促進法第4条）。

労務管理 2級

A●労使関係 ＞ 2●集団的労使関係

2●労働協約　テキスト第1章第2節

問題11 解答　　H26後

正解　イ

ポイント　労使協定と労働協約の基本的事項の理解度を問う。

解説

ア．誤り。労働協約の効力が及ぶ範囲は、締結した組合の組合員のみである。労組法第16条の例外として「一の工場事業場に常時使用される同種の労働者の4分の3以上の数の労働者が一の労働協約の適用を受けるに至ったときは、当該工場事業場に使用される他の同種の労働者に関しても、当該労働協約が適用されるものとする」との拡張適用の規定がある（労組法第17条）。

イ．正しい。例えば、労基法第36条の労使協定（時間外労働に関する協定届）は、同法第32条の労働時間の原則である1週間40時間、1日8時間の労働を変更し、その労使協定の範囲内で時間外労働を許す（労基法違反とならない免罰的効力がある）ものである。労働協約は規範的部分（労働条件その他労働者の待遇に関する基準）と債務的部分（規範的部分以外の部分）に分けられる。

ウ．誤り。労使協定の有効期間については、法定されていない。有効期間の定めをする場合には、任意に期間を定めることができる。労働協約は「3年をこえる有効期間の定めをすることはできない。3年をこえる有効期間の定めをした労働協約は、3年の有効期間の定めをした労働協約とみなす」（労組法第15条第1項、第2項）。

エ．誤り。労使協定が、労働協約の要件を満たしている場合には、その労使協定は労働協約としての性格も持つことになる。団体交渉の結果として書面により締結された労使協定は、労働協約としての効果も持つことになる（労組法第14条）。

オ．誤り。労働協約の締結主体は労働組合である。

問題12 解答

正解 エ

ポイント 労使協定、過半数代表に関する知識を問う。

解説
ア．適切。事実上時間外労働又は休日労働がありえない労基法第41条第2号の規定に該当する者といえども、当該事業場に在籍している限り、その者を第36条第1項の規定にいう労働者から除外する理由はない（昭和46年1月18日45基収第6206号、昭和63年3月14日基発第150号、平成11年3月31日基発第168号）。
イ．適切。労基則第12条の2の2第1項。
ウ．適切。労基法第18条第2項。
エ．不適切。労使委員会の決議が必要とされているのは企画業務型裁量労働制であり、専門業務型裁量労働制で必要なのは労使協定である（労基法第38条の3、第38条の4）。
オ．適切。労基法第32条の3、労基則第12条の2の2第1項、第1条の3。

労務管理 2級

A●労使関係 ＞ 2●集団的労使関係

3●団体交渉

テキスト第1章第2節

問題 **13** 解答

H27前

正解 イ

ポイント 使用者の団体交渉（以下、「団交」という）応諾義務の範囲及び内容に関する知識と理解度を問う。

解説

ア．適切。労組法第7条第2号は、企業内組合か否か、また当該組合に加入している労働者の人数にかかわりなく「雇用する労働者の代表者」との団交を義務づけているため、使用者は当該合同労組に従業員たる組合員が少ないことなどを理由に団交を拒否することはできない。

イ．不適切。派遣先が決定しうる労働条件にかかわる問題であれば、団交に応じる義務があると解される（菅野 p.403）。

ウ．適切。日本鋼管鶴見造船所事件（最三小判昭和61年7月15日　労判484号 p.21）は、解雇後数年経過した解雇問題についての団交申入れについても、使用者には応諾義務があるとしている。

エ．適切。使用者には団交応諾義務の具体的内容として「誠実交渉義務」が課せられ、この義務は、例えば「労働組合の要求や主張に対する回答や自己の主張の根拠を具体的に説明したり、必要な資料を提示するなど…すべき義務」（カール・ツァイス事件［東京地判平成元年9月22日　労判548号 p.64］）、あるいは「誠実な対応を通じて合意達成の可能性を模索する義務」（シムラ事件［東京地判平成9年3月27日　労判720号 p.85］）などと解されている。少なくとも、団交の申入れに対し、選択肢のような措置をとっただけでは、団交応諾義務（誠実交渉義務）を果たしたと評価される余地はない。

オ．適切。組合員の労働条件に関する事項である限り、団交応諾義務が生じる。

正解 イ

ポイント 団交応諾義務の範囲や主体のほか、団結権・団体交渉権の平等性等、集団的労使関係法の構造に関する知識を問う。

解説
ア．不適切。団交の議題が個別人事に関するものであっても、組合員の労働条件や処遇に関連するものである以上、義務的団交事項に含まれる。我が国の団交は、労働条件の集合的取引のほか、苦情処理や個別労働紛争の解決機能も併せ持っている（菅野 p.853）。

イ．適切。団交における使用者の誠実交渉義務に言及したものとして、カール・ツァイス事件（東京地判平成元年9月22日　労判548号 p.64）など。

ウ．不適切。解雇後6年以上経過したのち、当該解雇問題に関する使用者の団交応諾義務を肯定した例として、日本鋼管鶴見造船所事件（東京高判昭和57年10月7日　労判406号 p.69）など。また、退職後長期間経過して顕在化したアスベスト被害の補償問題等に関し、住友ゴム工業事件（大阪高判平成21年12月22日　労働経済判例速報2065号 p.3）が使用者の団交応諾義務を認めている。

エ．不適切。かかる条項は他の組合の団交権を侵害するものとして無効と解される。

オ．不適切。朝日放送事件（最二小判平成7年2月28日　労判668号 p.11）によれば、雇用主以外の事業主であっても、労働者の基本的な労働条件について、雇用主と部分的とはいえ同視できる程度に現実的かつ具体的に支配、決定できる地位にある場合には、労組法第7条第2号の使用者に該当する。

労務管理 2級

A●労使関係 ＞ 2●集団的労使関係

4●不当労働行為と労働組合への救済手続

テキスト第1章第2節

 解答

H29前

正 解 ア

ポイント 不当労働行為の成立要件に関する知識を問う。

解 説

ア．該当しない。オリエンタルモーター事件（最二小判平成7年9月8日 労判679号 p.11）によれば、特段の事情のない限り、使用者が組合集会等のための企業施設の利用を許可するかどうかは、原則として使用者の自由な判断に委ねられている。

イ．該当する。特定の組合や上部団体への加入を禁止することも、労組法第7条第1号の黄犬契約に含まれる。

ウ．該当する。労組法第7条第4号の報復行為に該当する。

エ．該当する。組合活動を断念させるよう、父兄からの働きかけを望んでこのような文書を送付することは、労組法第7条第3号の支配介入行為に該当するとした例がある。東洋敷物事件（大阪地労委昭和41年2月26日）、ホンヤク出版社事件（中労委昭和49年7月3日）など。

オ．該当する。労組法第7条第3号にいう「経理上の援助」に該当する。

A●労使関係 ＞ 2●集団的労使関係

5●労働争議に関する法的事項、使用者の対応、解決等　テキスト第1章第2節

問題16　解答　H26後

正解　オ

ポイント　争議行為に関する知識を問う。

解説

ア．不適切。安威川生コンクリート事件（最三小判平成18年4月18日　民集60巻4号 p.1548）。

イ．不適切。団体行動権は憲法で保護されたものであり、労働組合が労組法の資格要件を満たさないとしても、同法の救済手続に与れないだけである（菅野 p.780）。

ウ．不適切。三菱重工業長崎造船所事件（最二小判昭和56年9月18日　民集35巻6号 p.1028）。

エ．不適切。ノースウエスト航空事件（最二小判昭和62年7月17日　民集41巻5号 p.1283）。

オ．適切。朝日新聞小倉支店事件（最大判昭和27年10月22日　民集6巻9号 p.857）。

問題17　解答　H27後

正解　エ

ポイント　労働争議の正当性判断に関する適切な知識を問う。

解説

ア．不適切。私有財産制を基本とする我が国においては、企業経営や生産工程の指揮命令は使用者の権限に属するため、労働組合による生産管理は争議手段としての正当性を否定される。山田鋼業事件（最大判昭和25年11月15日　刑集4巻11号 p.2257）。

イ．不適切。ストライキは使用者を名宛人として労働条件の維持改善を目的

として行われる限りにおいてその正当性が認められるため、いわゆる「政治スト」は争議行為としての正当性を原則否定される。三菱重工長崎造船所事件（最二小判平成4年9月25日　労判618号 p.14）。

ウ．不適切。正当な争議行為の主体は団体交渉の主体となりうる者（意思統一された労働組合）であって、いわゆる「山猫スト」のように、組合の統制に服さない一部労働者集団による独自のストライキは、その正当性を否定される。明治乳業戸田橋工場事件（東京地判昭和44年10月28日　労民集20巻5号 p.1415）。

エ．適切。選択肢のとおり。組合員の人事は労組法にいう「労働条件」であって、これらをめぐる問題は「義務的団交事項」と解されるため、争議行為の正当性は原則肯定される（菅野 p.853）。判例として日本鋼管鶴見造船所事件（東京高判昭和57年10月7日　労判406号 p.69）。

オ．不適切。労組法第1条第2項但書によれば、「いかなる場合においても、暴力の行使は、労働組合の正当な行為と解釈されてはならない」。

解答・解説編

A●労使関係　＞　２●集団的労使関係

6● 労使協議制と労使コミュニケーション組織の現状　テキスト第1章第2節

問題18 解答　H24前

正解　エ

ポイント　過半数代表者に関する理解度を問う。

解説
ア．正しい。法令にそのような規定はない。
イ．正しい。破産法第32条第3項、民事再生法第24条の2、会社法第896条第2項など。
ウ．正しい。労基法第90条第1項、第2項。
エ．誤り。使用者と新たに結成された労働組合との間で、新たな三六協定が締結され行政官庁に届け出るまで、従前の労使協定は有効である。自動的に失効することはない。
オ．正しい。法令にそのような規定はない。

問題19 解答　H25後

正解　ア

ポイント　労使協議制と労働法制との関係に関する理解度を問う。労使協議制は法律に明文がなく、労使自治に任されていることに注意する。

解説
ア．適切。
イ．不適切。労働組合のない企業における労使協議制による協定には、労組法上の労働協約のような規範的効力はない。
ウ．不適切。労使協議制には使用者に応諾義務はない。
エ．不適切。労使協議制は法定上のものではない。労契法にそのような規定はない。
オ．不適切。労使協議制に関する法規制はなく、労使の自治に任されている。

294

問題20 解答

正解 オ

ポイント 労使協議制に関する知識を問う。

解説
ア．不適切。このような定めはない。
イ．不適切。このような定めはない。決議を決定するかどうかも含め、任意である。
ウ．不適切。このような義務はない。
エ．不適切。労使協議における従業員組織は労働組合ではないので、労働委員会の救済は受けられない（労働組合ではないので、仲裁の申立てはできない）。個別労働関係紛争の場合、労働委員会はあっせんしか行っていない。個別労働関係紛争の場合の調停は、雇用均等室の取扱い。
オ．適切。

問題21 解答

正解 ウ

ポイント 過半数代表者の要件及び労使協定の効力などに関する理解度を問う。

解説
ア．適切。労基則第6条の2第3項、平成11年1月29日基発第45号。
イ．適切。平成11年3月31日基発第169号。
ウ．不適切。過半数代表者の就業規則の変更についての意見内容は、当該変更の効力に影響はない（昭和24年3月28日基発第373号）。
エ．適切。労基法第36条ほか過半数代表者については、文言上まず過半数組合があればその組合が当然に過半数代表者となり、そのような組合がない場合にはじめて、労働者個人が過半数代表者として選出されると解される。
オ．適切。トーコロ事件（東京高判平成9年11月17日　労判729号 p.44）。

A●労使関係　＞　3●個別的労使関係と個別労働関係紛争の対応

1●労働契約の変更

テキスト第1章第3節

問題 22 解答

H26後

正　解　エ

ポイント　在籍出向の定義、法的根拠、出向命令の限界、復帰命令などに関する法的知識を問う。

解　説

ア．不適切。包括的同意があり、出向が日常的なものである場合には、出向を命じることが可能である（菅野 p.690）。

イ．不適切。出向期間中は、部分的とはいえ、出向先との間にも労働契約関係が存すると考えられている。栃木合同輸送事件（名古屋高判昭和62年4月27日　労判498号 p.36）は、通常の出向労働関係は「出向元との間に存する労働契約上の権利義務が部分的に出向先に移転し、労基法などの部分的適用がある法律関係（出向労働関係）が存在する」と評価している。

ウ．不適切。選択肢のような法規制や禁止事項は存在しない。いずれの使用者が出向労働者の賃金をどの程度負担するかについては、出向元・出向先企業間の取決め及び出向規程の内容如何による。

エ．適切。古河電気工業・原子燃料工業事件（最二小判昭和60年4月5日　民集39巻3号 p.675）。

オ．不適切。労契法第14条は、権利濫用の効果として当該出向命令を「無効とする」と定めるのみであって、不法行為の成立については明記していない。

労務管理 2級

A●労使関係 ＞ 3●個別的労使関係と個別労働関係紛争の対応

2●労働契約の終了　　　テキスト第1章第3節

問題 23 解答　　H27前

正　解　オ

ポイント　解雇については、その正当性について個別労働紛争（民事問題）として争われることが多くあるが、解雇そのものについて法律で禁止されているものもある。企業の実務担当者として了知していなければならない解雇禁止条文の理解度を問う。なお、本問題に掲げたもの以外にも下記の解雇禁止規定がある。本問題と同時に理解しておくこと。

① 「男性・女性であること、女性の婚姻、妊娠、出産を理由とする解雇」は、男女雇用機会均等法第6条、第9条により禁止。
② 「労働組合の組合員であること、労働組合に加入し、又は労働組合を結成しようとしたことを理由とする解雇」は、労組法第7条により禁止。
③ 「産前産後の休業期間及びその後30日間の解雇」は労基法第19条により禁止。
④ 「育児・介護休業を申し出たこと、育児・介護休業を取得したことを理由とする解雇」は、育児・介護休業法第10条、第16条により禁止。
⑤ 「通常の労働者と同視すべき短時間労働者（パートタイム労働者）について、短時間労働者であることを理由とする解雇」は、パート法第8条により禁止。

解　説

解雇禁止根拠法条文は、次のとおり。

ア．禁止されている。「労働基準監督官へ申告したことを理由とする解雇」は、労基法第104条により禁止。
イ．禁止されている。「国籍、信条、社会的身分を理由とする解雇」は、労基法第3条により禁止。
ウ．禁止されている。「公益通報をしたことを理由とする解雇」は、公益通報者保護法第3条により禁止。
エ．禁止されている。「都道府県労働局長に個別労働関係紛争解決の援助を

求めたこと又は紛争調整委員会にあっせんの申請をしたことを理由とする解雇」は、個別労働紛争解決促進法第4条、第5条により禁止。
オ．禁止されていない。「業務上の傷病による休業期間及びその後30日間の解雇」は、労基法第19条により禁止。ただし「通勤途上の傷病」に関しては、解雇の禁止対象ではない。

問題24 解答　　　　　　　　　　　　　　　　　　　　　　H27前

正解　イ
ポイント　労働者の辞職・退職に関するルールについての正しい知識を問う。
解説
ア．誤り。意思表示は通常特段の様式を必要とせず、労働者の労働契約解約の意思表示の場合においても、特に書面を効力発生要件とする規定は存在しない。
イ．正しい。昭和電線電纜事件（横浜地裁川崎支判平成16年5月28日　労判878号　p.40）など、錯誤による意思表示の無効（民法第95条）を認めた事案がある。
ウ．誤り。退職勧奨それ自体は違法ではない。労働者の任意の意思形成を妨げ、あるいは名誉感情を害するような勧奨行為が不法行為と評価されうるにとどまる。下関商業高校事件（最一小判昭和55年7月10日　労判345号　p.20）など。
エ．誤り。労基法第137条によれば、1年を超える契約期間を定めた場合でも、一定の場合を除き、契約期間の初日から1年を経過した日以後はいつでも退職することができる。
オ．誤り。民法第627条第1項その他の規定は、労働者の辞職につき合理的理由まで求めていない。

労務管理 2級

A●労使関係　＞　3●個別的労使関係と個別労働関係紛争の対応

4●個別労働関係紛争の対応

テキスト第1章第3節

 解答

H27後

正解　オ

ポイント　労働審判手続の対象事項に関する正確な知識を問う。

解説

労働審判法第1条によると、労働審判手続は「労働契約の存否その他の労働関係に関する事項について個々の労働者と事業主との間に生じた民事に関する紛争」を対象とするため、刑事事件（②）及び集団的労使紛争（①）はその対象外となり、また個々の労働者による請求であっても、将来的な労働条件の形成にかかる利益紛争（④）も除外される。他方、不当労働行為（労組法第7条）による権利主張（③）や労働協約に基づく請求（⑤）であっても、個々の労働者による個別労働関係上の権利主張である限り、労働審判手続の対象となる（菅野 p.1094）。

したがって、オが正解。

 解答

H28後

正解　イ

ポイント　社外における個別労使紛争処理システムの1つである労働審判制度を正しく理解しているかを問う。

解説

ア．適切。選択肢のとおり（労働審判法第1条）。
イ．不適切。労働審判手続は原則として非公開である。労働審判手続は公開しない。ただし、労働審判委員会は、相当と認められる者の傍聴を許すことができる（労働審判法第16条）。
ウ．適切。選択肢のとおり（労働審判法第22条）。

299

エ．適切。選択肢のとおり（労働審判法第21条第4項、第29条第2項）。
オ．適切。労働審判手続においては、特別の事情のある場合を除き、3回以内の期日において、審理を終結しなければならない（労働審判法第15条第2項）。

労務管理 2級

B●就業管理　＞　1●賃金

3●賃金支払いの5原則
テキスト第2章第1節

問題 27 解答

H29前

正　解　　オ

ポイント　賃金支払いの5原則及び賃金の非常時払いについて基礎的な知識を問う。

解　説

ア．誤り。賃金は、通貨で、直接労働者に支払うこととされている（労基法第24条第1項）。しかし、労働者本人の同意を得た場合には、当該労働者が指定する銀行その他金融機関に対する当該労働者の預金又は貯金への振込みにより支払うことができる（労基則第7条の2第1項第1号）。なお、振込先の指定が行われれば、特段の事情がない限り本人の同意が得られていることとなる（昭和61年1月1日基発第1号）。

イ．誤り。労基法第24条第1項において賃金を労働者本人以外の者に支払うことは禁止されているから、労働者の同意の有無にかかわらず、親権者その他の法定代理人に支払うことはできない（昭和63年1月1日基発第1号）。

ウ．誤り。労基法第24条第1項において賃金の一部を控除して支払うことを禁止している。ただし、法令に別段の定めのある場合又は労働者の過半数代表者との書面による協定がある場合には、購買代金、社宅、寮その他の福利、厚生施設の費用、社内預金、組合費等は、賃金から控除することが認められる（労基法第24条、昭和27年9月20日基発第675号、平成11年3月31日基発第168号）。

エ．誤り。賃金支払日が休日にあたるときには、その支払日を繰り上げる（又は繰り下げる）ことを定めるのは違法ではない（労基法コメ上 p.358）。この場合の支払日の繰り上げ又は繰り下げについては、就業規則に規定することが望ましい。

オ．正しい。選択肢のとおり（労基法第25条）。

B●就業管理 ＞ 2●労働時間・休憩・休日

1●労働時間

テキスト第2章第2節

問題28 解答

正解 ア

ポイント 労基法に定める労働時間について、基本的及び応用的事項を問う。

解説
ア．不適切。この場合、労働時間は通算されるので、この労働者は、同日は1時間の法定時間外労働となる（労基法第38条第1項、昭和23年5月14日基発第769号）。
イ．適切。選択肢のとおり（労基法第32条、第40条、労基則第25条の2第1項、昭和63年3月14日基発第150号）。
ウ．適切。選択肢のとおり（労基法第32条、昭和47年9月18日基発第602号）。
エ．適切。選択肢のとおり（労基法第32条、昭和47年9月18日基発第602号）。
オ．適切。選択肢のとおり（労基法第32条、昭和23年10月23日基収第3141号、昭和63年3月14日基発第150号）。

問題29 解答

正解 オ

ポイント 労働時間の意義と範囲について、通達と最高裁判決に基づいて問う。

解説
ア．適切。特殊健康診断の実施に要する時間は労働時間と解されるので、当該健康診断が時間外に行われた場合には、当然割増賃金を支払わなければならない（昭和47年9月18日基発第602号）。
イ．適切。安衛法第59条及び第60条の安全衛生教育の実施に要する時間は労働時間と解されるので、当該教育が法定時間外に行われた場合には、当然割増賃金が支払われなければならない（昭和47年9月18日基発第602号）。

ウ．適切。安衛則第625条では、事業者に洗浄設備等の設置の義務づけが規定されているが、労働時間の該当性についてまで言及していない。本判断基準としては、健康保持義務を果たすために設備した浴場での入浴時間が使用者の指揮命令下における労務提供と解されるか否かがポイントとなる。三菱重工業長崎造船所事件(最一小判平成12年3月9日　労判778号 p.8)。

エ．適切。休憩時間とは単に作業に従事しない手待時間を含まず労働者が権利として労働から離れることを保障されている時間の意であって、その他の拘束時間は労働時間として取り扱うこと（昭和22年9月13日発基第17号）。

オ．不適切。一般健康診断の受診のために要した時間については、当然に事業者の負担すべきものではなく、労使協議して定めるべきものである（昭和47年9月18日基発第602号）。

問題 30 解答　　　　　　　　　　　　　　　　　　　　　　　　H29前

正解　ウ

ポイント　労働時間の把握方法や扱いについて、実務的な知識を問う。

解説

ア．不適切。時間外労働、休日労働及び深夜労働に係るそれぞれの時間数をそれぞれ、別に記載しなければならない（労基則第54条）。

イ．不適切。労働時間は、使用者の指揮命令に服して労務を提供する時間をいうが、使用者の指揮命令に服する状態には、使用者の明示の命令だけでなく、黙示の命令下にある場合を含む。したがって、労働者が実際に労務を提供している状態を黙認していれば、直接の指揮命令に基づくものでなくても指揮命令に服しているものとみなされる（昭和25年9月14日基収第2983号）。

ウ．適切。選択肢のとおり（昭和23年10月23日基収第3141号、昭和63年3月14日基発第150号）。

エ．不適切。上限時間を周知徹底している場合であっても、上限を超える時間外労働が黙示の命令と認められる場合には、労働時間として取り扱わなければならない（昭和25年9月14日基収第2983号）。

オ．不適切。事業場を異にする場合においても、労働時間に関する規定の適

解答・解説編

用について通算することとされている（労基法第38条）。

問題 **31** 解答　　　　　　　　　　　　　　　H28前

正解　オ

ポイント　労働時間にあたるか否かの判断においては、使用者の命令（明示、黙示を問わず）や強制性、不利益の有無、仕事を行ううえでの必然性や業務との関連性、法令の義務づけ等の有無がポイントとなる。これらのポイント及び法律の定めの理解度を問う。

解説
ア．不適切。
イ．不適切。
ウ．不適切。
エ．不適切。
オ．適切。

A．労働時間にあたる。設問の場合、業務への直結性があるため、労働時間にあたる。
B．労働時間にあたる。eラーニングなどを職場で強制的に受講させる場合、その時間は労働時間となる。設問の場合、強制的な講義と考えられるから、労働時間となる。
C．労働時間にあたる。使用者が消防法の規定により法定労働時間を超えて訓練を行う場合においては時間外労働として法第36条第1項による協定を締結したうえで行わなければならない（昭和23年10月23日基収第3141号、平成11年3月31日基発第168号）。
D．労働時間にあたらない。一般健康診断の受診に要した時間の賃金については、事業主が当然負担すべきものではなく、労使協議して定めるべきものであるので、労働時間とはならない（昭和47年9月18日基発第602号）。
E．労働時間にあたらない。会社の同好会やサークル活動等は参加が任意である限り、会社の経費援助があったとしても、業務そのものに直結するものでないため、労働時間とはならない。

したがって、オが正解。
一般論として菅野 p.477以下を参照。

B●就業管理　＞　２●労働時間・休憩・休日

２●休憩時間の実際

テキスト第２章第２節

問題 32 解答

H26後

正　解　イ

ポイント　労基法に定める休憩、休日について、基本的及び応用的事項を問う。

解　説

ア．適切。選択肢のとおり（労基法第34条）。

イ．不適切。休憩は、労働時間の途中に与えなければならない（労基法第34条）。

ウ．適切。選択肢のとおり（労基法第34条、昭和23年10月30日基発第1575号）。

エ．適切。選択肢のとおり（労基法第35条、労基法コメ上 p.464）。

オ．適切。選択肢のとおり（労基法第35条、第37条。昭和22年11月27日基発第401号、昭和63年３月14日基発第150号）。

労務管理 2級

B●就業管理 ＞ 2●労働時間・休憩・休日

3●休日

テキスト第2章第2節

問題33 解答

H27後

正解 イ

ポイント 代休と休日振替に係る賃金の扱い、休日振替の要件、休日労働に関して実務的な知識の理解度を問う。

解説

ア．不適切。同一週内に振替休日を与えた場合には、割増賃金を支払う必要はないが、代休を与えた場合には、割増賃金を支払わなければならない（昭和23年4月19日基収第1397号、昭和63年3月14日基発第150号）。

イ．適切。振り替えたことによりその週の労働時間が法定労働時間を超えた場合には時間外労働となり、割増賃金を支払わなければならない（昭和22年11月27日基発第401号、昭和63年3月14日基発第150号）。

ウ．不適切。選択肢のような定めはない。

エ．不適切。休日振替を行うための労使協定の締結は、必要ない。

オ．不適切。選択肢のような定めはない。また、労基法第33条第2項に、行政官庁が非常災害時の休日労働を不適切と認める場合には休日の付与を命じることができるという規定はあるが、代休については規定されていない。

問題34 解答

H27後

正解 オ

ポイント 休日に関する基本的な法律知識を問う。

解説

ア．不適切。休日とは、労働契約において労働義務がないとされている日をいう（労基法コメ上 p.464）

イ．不適切。労基法第35条の要件を満たす限り、国民の祝日に休ませなくても労働基準法違反とはならない（労基法第35条、昭和41年7月14日基発第

739号)。
ウ．不適切。休日の与え方については、休憩時間のように一斉に与えることは要求されていない（昭和23年3月31日基発第513号）。
エ．不適切。休日は、原則として連続24時間の休業ではなく、暦日で与えなくてはならない（昭和23年4月5日基発第535号）。例外として、継続24時間を与えれば差し支えない場合とは、変形労働時間制ではなく、番方編成による交替制の場合の休日である（昭和63年3月14日基発第150号）。
オ．適切。4週4日の休日制には業種の限定等はなく、一般に業務の都合により必要ある場合は、これを採用することができる（労基法コメ上 p.464）。

労務管理 2級

B●就業管理 ＞ 3●労働時間の弾力化

1● 変形労働時間制
テキスト第2章第3節

問題 35 解答
H26前

正解 イ

ポイント 1年単位の変形労働時間制について、その運用ポイントを施行規則、通達に基づいて問う。

解説
ア．適切。選択肢のとおり（労基法第32条の4第1項）。
イ．不適切。労使協定において労使双方の合意によって協定内容を変更できる旨明記されていたとしても、変形期間の途中で変更することはできない（昭和63年3月14日基発第150号、平成6年3月31日基発第181号）。
ウ．適切。選択肢のとおり（労基法第32条の4第1項第3号）。
エ．適切。選択肢のとおり（労基則第12条の4第3項）。
オ．適切。選択肢のとおり（労基則第12条の4第4項）。

問題 36 解答
H26後

正解 ウ

ポイント 各種変形労働時間に係る労使協定の締結と届出についての横断的な知識で問う。

解説
ア．誤り。届出が必要である（労基法第32条の5）。
イ．誤り。1カ月単位の変形労働時間制を労使協定によって採用する場合には、当該協定を届け出なければならない（労基法第32条の2）。
ウ．正しい。選択肢のとおり（労基法第32条の4）。
エ．誤り。届け出る必要はない（労基法第32条の3）。
オ．誤り。届出が必要である（労基法第38条の3）。

309

解答・解説編

問題 37 解答   H26後

正解 イ

ポイント 実例に基づいて、変形労働時間制の意義の理解度を問う。

解説

ア．不適切。店舗営業時間に拘束された業態であるため、始業及び終業の時刻を労働者の決定にゆだねることは不可能であるので、制度を採用することは不適当である（労基法第32条の3）。

イ．適切。営業時間と開店・閉店業務をカバーする確定的な労働時間の範囲を確保することが必要である。

ウ．不適切。飲食業に係る業務は、専門業務型裁量労働制の対象業務に入っていないので適用できない（労基法第38条の3、平成14年厚生労働省告示第22号、平成15年10月22日厚生労働省告示第354号）。

エ．不適切。1週間単位の非定型的変形労働時間制が適用される事業の規模は、30名未満であるので、制度を採用することはできない（労基法第32条の5、労基則第12条の5第2項）。

オ．不適切。店舗による営業であるため、個人業績に帰せられる性格のものではない。また、長時間労働への対策にはなっていない。

問題 38 解答   H27前

正解 ウ

ポイント 1カ月単位の変形労働時間制を導入し運用するうえで、押さえておかなければならない実務上の知識を問う。

解説

ア．不適切。1カ月単位の変形労働時間制の変形期間は、「1カ月以内の一定の期間」とされており、最長限度は1カ月であるが、1カ月以内であれば、4週間単位等でもよい（労基法第32条の2）。

イ．不適切。1カ月単位の変形労働時間制においては、選択肢のような取扱

いの定めはなく、原則通りの取扱いとなる（労基法第32条の２）。
ウ．適切。選択肢のとおり（昭和63年３月14日基発第150号）。
エ．不適切。時間外労働の計算にあたっては、まず日の労働時間、次に週の労働時間、最後に変形期間の労働時間を超えた時間について算出をする（昭和63年１月１日基発第１号、平成６年３月31日基発第181号）。
オ．不適切。例えば、１日の休日を他の週に振り替えた場合には、当該週２日の休日があった週に８時間×６日＝48時間労働させることになり、あらかじめ特定されていない週に週48時間を超えて労働させることになるので、８時間分は時間外労働となる（昭和63年３月14日基発第150号、平成６年３月31日基発第181号）。

B●就業管理　＞　3●労働時間の弾力化

3●事業場外労働みなし労働時間制　　テキスト第2章第3節

 解答　　

正解　オ

ポイント　最近、労働基準監督署の臨検で指摘されることが多い、営業職等の事業場外労働の算定方法を問う。

解説

ア．適切。選択肢のとおり（労基法第38条の2第1項）。
イ．適切。選択肢のとおり（昭和63年1月1日基発第1号）。
ウ．適切。選択肢のとおり（労基法第38条の2第1項但書、第2項）。
エ．適切。選択肢のとおり（労基法第38条の2第3項）。
オ．不適切。労働時間の一部を事業場内で労働した日の労働時間は、みなし労働時間制によって算定される事業場外で業務に従事した時間と、別途把握した事業場内における時間とを加えた時間となる（昭和63年3月14日基発第150号）。なお、通常必要とされる時間とは、通常の状態で事業場外の業務を遂行するために客観的に必要とされる労働時間であり（昭和63年1月1日基発第1号）、事業場内の労働時間は含まれない。

労務管理 2級

B●就業管理 ＞ 3●労働時間の弾力化

4●裁量労働制

テキスト第2章第3節

問題 40 解答

H28前

正　解　イ

ポイント　裁量労働制運用のポイントについて、法律と通達に基づいて問う。

解　説

ア．適切。選択肢のとおり（労基法第38条の3）。

イ．不適切。選択肢の記述は、専門業務型裁量労働制に関するものではなく、労基法第38条の4の企画業務型裁量労働制に関するものである。

ウ．適切。労働者派遣法第44条第5項に労基法第38条の3について読替規定がある（平成12年3月28日基発第180号）。

エ．適切。企画業務型裁量労働制が適用される場合であっても、労基法第4章のうち休憩、深夜業及び休日に関する規定の適用は、排除されない（平成12年1月1日基発第1号）。

オ．適切。労働者派遣法第44条第5項に労基法第38条の4について読替規定がない。

B●就業管理 ＞ 4●労働時間等の適用除外対象者

2●監視または断続的労働に従事する者

テキスト第2章第4節

問題41 解答

H27前

正解 オ

ポイント 近年、問題視されている管理監督者の法的定義や内容を正確に理解しているかを問う。

解説

ア．正しい。管理監督者とは、一般的には、部長、工場長等労働条件の決定その他労務管理について経営者と一体的な立場にある者の意であり、名称にとらわれず、実態に即して判断すべきものである（昭和22年9月13日発基第17号、昭和63年3月14日基発第150号）とされている。

イ．正しい。企業が人事管理上あるいは営業政策上の必要等から任命する職制上の役付者であればすべてが管理監督者として例外的な取扱いが認められるものではない（昭和22年9月13日発基第17号、昭和63年3月14日基発第150号）とされている。

ウ．正しい。定期給与である基本給、役付手当等において、その地位にふさわしい待遇がなされているか否か、ボーナス等の一時金の支給率、その算定基礎賃金等についても役付者以外の一般労働者に比し優遇措置が講じられているか否か等について留意する必要があること（昭和22年9月13日発基第17号、昭和63年3月14日基発第150号）とされている。

エ．正しい。選択肢のとおり。労基法第41条により管理監督者は、労働時間、休憩及び休日に関する規定の適用が除外されるため、時間外・休日労働にかかる割増賃金の支払いを要しない。

オ．誤り。行政解釈（昭和22年9月13日発基第17号、昭和63年3月14日基発第150号）では、スタッフ職の一定の範囲の者については、労基法第41条第2号該当者に含めて取扱うことが妥当であると考えられるとされており、必ずしも部下がいなければならないわけではない。

労務管理 2級

問題 42 解答

H28前

正解　オ

ポイント　労働時間等の適用除外者について、法律上の正確な理解度を問う。

解説

ア．誤り。管理監督者の範囲を決めるにあたっては、係る資格や職位の名称にとらわれることなく、「職務内容、責任と権限、勤務態様に着目する必要がある」と、判断にあたって実態に基づいて行わなければならないものとしている（昭和22年9月13日発基第17号、昭和63年3月14日基発第150号）。

イ．誤り。スタッフ職について、選択肢中カッコ内の一定の範囲の者については、労基法第41条第2号該当者に含めて取り扱うことが妥当である（昭和22年9月13日発基第17号、昭和63年3月14日基発第150号）。

ウ．誤り。管理監督者であるか否かの判断にあたっては、役付者以外の一般労働者に比し福利厚生について優遇措置が講じられているか否かではなく、定期給与である基本給、役付手当等において、その地位にふさわしい待遇がなされているか否か、ボーナス等の一時金の支給率、その算定基礎賃金等についても優遇措置が講じられているか否か等について留意する必要がある（昭和22年9月13日発基第17号、昭和63年3月14日基発第150号）。

エ．誤り。機密事務取扱者とは、「秘書その他職務が経営者又は監督若しくは管理の地位に在る者の活動と一体不可分であって、出社退社等についての厳格な制限を受けない者であること」（昭和22年9月13日発基第17号）であり、従業員のマイナンバーを取り扱うことは関係ない。

オ．正しい。選択肢のとおり（昭和63年3月14日基発第150号）。

B●就業管理　＞5●時間外・休日労働、深夜労働

1●三六協定による時間外・休日労働　テキスト第2章第5節

問題43 解答　H27後

正　解　エ

ポイント　労働時間の原則と時間外労働の例外性についての理解度を問う。

解　説

ア．正しい。記述のとおり（平成6年1月4日基発第1号）。

イ．正しい。記述のとおり。労基法第36条第1項及び第37条第1項の文理上明らかである。

ウ．正しい。記述のとおり（昭和63年1月1日基発第1号、日立製作所武蔵工場事件［最一小判平成3年11月28日　民集45巻8号 p.1270］、労基法コメ上 p.486）。

エ．誤り。労基法第36条第2項ないし第4項は、立法経緯（「延長時間に関する指針」（昭和57年6月30日労告第69号）を法律上明文化）及び規定内容（第3項には当事者の努力義務が、第4項には行政官庁の「助言・指導」の権限が定められているにすぎない）からすると、当事者の遵守事項を定めたものにすぎず、労基法上の強行的・補充的効力を持つものとは解されていない（菅野 p.489）。

オ．正しい。記述のとおり（平成11年3月31日基発第169号、平成21年5月29日基発第0529001号、昭和63年3月14日基発第150号、平成11年3月31日基発第169号）。

労務管理 2級

問題 44 解答

H28後

正解　ウ

ポイント　三六協定の締結、届出等の実務において必要となる法的知識の理解度を問う。

解説

ア．適切。三六協定は、これを所轄労働基準監督署長に届け出てはじめて適法に時間外労働等を行いうるのであって、単に協定の締結のみでは、法違反の責を免れないことは分離上明らかである（労基法第36条）。

イ．適切。記述のとおり（労基則第16条第1項、限度基準（平成11年1月29日基発第45号、平成15年10月22日基発第1022003号）第2条、平成15年10月22日改正厚生労働省告示第355号）。

ウ．不適切。三六協定を本社一括で届け出るためには、各事業場の労働者の過半数で組織された労働組合との間で協定を締結しなければならない（平成15年2月15日基発第0215002号）。

エ．適切。記述のとおり（限度基準（平成11年1月29日基発第45号、平成15年10月22日基発第1022003号）第3項ハ）。

オ．適切。記述のとおり（昭和63年1月1日基発第1号）。

解答・解説編

B●就業管理 ＞ 5●時間外・休日労働、深夜労働

3●割増賃金の計算から除外できる賃金　テキスト第2章第5節

問題 45 解答　　　　　　　　　　　　　　　　　　　　　H28前

正　解　イ
ポイント　割増賃金の除外賃金に対する理解度を問う。
解　説
　割増賃金の基礎となる賃金から除外される賃金は、家族手当、通勤手当、別居手当、子女教育手当、住宅手当、臨時に支払われた賃金、1箇月を超える期間ごとに支払われる賃金の7種類に限られる（労基法第37条第5項、労基則第21条）が、これらの除外される賃金は、名称にかかわらず実質によって取り扱うこととされている（昭和22年9月13日発基第17号）。なお、これら割増賃金の基礎となる賃金から除外される賃金を割増賃金の計算上算入することは、使用者の自由である（昭和23年2月20日基発第297号）。

ア．算入しなくてもよい。扶養家族数又は扶養家族数を基礎とする家族手当額を基準として算出される手当、いわゆる家族手当は、割増賃金の基礎となる賃金から除外される（労基則第21条、昭和22年12月26日基発第572号）ので、割増賃金の算定基礎となる賃金に算入しなくともよい。しかし、家族手当と称していても扶養家族数に関係なく一律に支給される手当や一家を扶養する者に対し基本給に応じて支払われる手当は、労基法第37条にいう家族手当ではない（昭和22年12月26日基発第572号）。

イ．算入しなければならない。通勤手当は、労働者の通勤距離又は通勤に要する実際費用に応じて算定される手当をいうものであり、通勤距離にかかわらず一律に定額で支給される通勤手当は、労基法第37条にいう通勤手当ではないから、割増賃金の算定基礎となる賃金に算入しなければならない（労基則第21条、昭和23年2月20日基発第297号）。

ウ．算入しなくてもよい。単身赴任により世帯が二分され、これにより増加する生活費を補うために支給される別居手当は、割増賃金の基礎となる賃金から除外される（労基則第21条）。

エ．算入しなくてもよい。労働者の子弟の教育費を補助するために支給され

労務管理 2級

る子女教育手当は、割増賃金の基礎となる賃金から除外される（労基則第21条）。
オ．算入しなくてもよい。住宅に要する費用（賃貸住宅については、居住に必要な住宅の賃借のために必要な費用）に応じて算定される住宅手当は、割増賃金の基礎となる賃金から除外される（労基則第21条、平成11年3月31日基発第170号）。

●参考文献等
・労基法コメ上 pp.512〜514

H28後

正解　ウ

ポイント　割増賃金の算定基礎について、実務を取り扱ううえで押さえておくべき事項について、その理解度を問う。

解説
ア．不適切。毎月支払われる営業手当は、労基法第37条第4項及び労基則第21条に定める「割増賃金の基礎となる賃金に算入しない賃金」のいずれにも該当しない。
イ．不適切。毎月支払われる前払い退職金は、労基法第37条第4項及び労基則第21条に定める「割増賃金の基礎となる賃金に算入しない賃金」のいずれにも該当しないので、割増賃金の算定基礎に算入しなければならない。
ウ．適切。選択肢のとおり。割増賃金の算定基礎に算入しなくてもよい（平成11年3月31日基発第170号）。
エ．不適切。家族数に関係なく一律に支給される手当は、労基法上の家族手当とはみなされないので、割増賃金の算定基礎に算入しなければならない（労基法第37条第4項、昭和22年11月5日基発第231号）。
オ．不適切。あらかじめ支給額が確定している賞与は「臨時に支払われる賃金」にはあたらない（平成12年3月8日基収第78号）。

B●就業管理　5●時間外・休日労働、深夜労働

4●時間外・休日労働と割増賃金
テキスト第2章第5節

 解答

H26後

正解　エ

ポイント　平成22年に改正された労基法第37条第1項の法定割増賃金率の引き上げについての理解度を問う。

解説

いずれも労基法第37条第1項、第138条。

1カ月に（ 60 ）時間を超える法定時間外労働に対しては、使用者は（ 50 ）％以上の率で計算した割増賃金を支払わなければならない。ただし、当分の間、（**労基法に定める一定の中小事業主**）には適用が猶予されている。

 解答

H28後

正解　エ

ポイント　深夜業と深夜割増賃金に対する理解度を問う。

解説

ア．不適切。臨時の必要がある場合でも妊産婦に深夜業をさせることはできない（労基法第66条第3項）。

イ．不適切。労基法上、過半数代表者との協定によって18歳未満の者（年少者という）の深夜業を許容する規定は存在しない。

ウ．不適切。選択肢の睡眠時間は休憩時間とみなすので、深夜割増賃金を支払う必要がない（昭和23年4月5日基発第541号、昭和63年3月14日基発第150号、平成11年3月31日基発第168号）。

エ．適切。選択肢のとおり（昭和26年2月6日基収第3406号）。

オ．不適切。深夜業をさせるのに三六協定は不要である。また、本件の所定

労働時間は8時間であり、時間外労働は発生しないので、三六協定は不要である（労基法第36条）。

問題49 解答

正解　オ

ポイント　次のとおり①～⑤の記述のケースは、全てにおいて深夜労働の割増賃金の支払いが必要である。

解説
① 交替制によって使用する16歳以上の男性は、18歳未満でありながら例外的に深夜労働が許される（労基法第61条第1項但書）が、深夜業の割増賃金は支払わなければならない（労基法第37条第3項）。
② 管理監督的地位にある労働者が労基法第41条において適用除外されるのは、労働時間、休憩、休日に関する事項についてであって、深夜業の関係規定（第37条の関係部分及び第61条の規定）は適用除外されないから、第37条第3項の深夜業をさせた場合には割増賃金を支払わなければならない（昭和63年3月14日基発第150号、平成11年3月31日基発第168号）。
③ 農業、畜産、養蚕、水産業に従事する労働者については、②と同じ（昭和6年3月14日基発第150号、平成11年3月31日基発第168号）。
④ 監視断続労働に従事する者については、②と同じ（昭和63年3月14日基発第150号、平成11年3月31日基発第168号）。
⑤ 時間外労働が深夜に及んだ場合には、時間外割増率に深夜割増率を加算する（平成6年1月4日基発第1号）。

したがって、オが正解。

B●就業管理 ＞ 5●時間外・休日労働、深夜労働

5●変形労働時間制と時間外労働・深夜労働　テキスト第2章第5節

問題50 解答　　　　　　　　　　　　　　　　　　　　　　H28前

正解　ウ

ポイント　長時間労働に関する諸問題を理解しているかを総合的に問う。

解説

ア．不適切。フレックスタイム制は、労働者の「始業及び終業の時刻をその労働者の決定にゆだねる」制度であるため（労基法第32条の3）、終業時刻を使用者が決定することはできない。

イ．不適切。清算期間は1カ月以内に限るものとされている（労基法第32条の3第2号かっこ書き）。

ウ．適切。選択肢のとおり（安衛則第22条第9号）。

エ．不適切。賞与を減額する等の不利益な取扱いをしてはならない（「労働時間の適正な把握のために使用者が講ずべき措置に関する基準」（平成13年4月6日基発第339号）2 - (3) - ウ）。

　今日では、「労働時間の適正な把握のために使用者が講ずべき措置に関するガイドライン」(平成29年1月20日策定) 4 - (3) - オ　参照のこと。

オ．不適切。毎日の労働時間について端数処理をすることはできない（昭和63年3月14日基発第150号）。

労務管理 2級

B●就業管理 ＞ 6●休暇

2●年次有給休暇

テキスト第2章第6節

問題51 解答

H26後

正解 エ

ポイント 付与日の繰上げ付与、計画的付与、労働契約終了後の請求権の有無、付与すべき時期、派遣労働者に係る年次有給休暇の使用者責任の所在等、年次有給休暇に関する知識の正確な理解度を問う。

解説

ア．正しい。選択肢のとおり（平成6年1月4日基発第1号）。

イ．正しい。選択肢のとおり（昭和63年3月14日基発第150号、昭和63年1月1日基発第1号）。

ウ．正しい。選択肢のとおり（昭和23年4月26日基発第651号）。

エ．誤り。年次有給休暇は、労働者の請求する時季に与えなければならないので、使用者が労働者の請求なく、欠勤日について年次有給休暇を振り替えることはできない（労基法第39条第5項）。

オ．正しい。選択肢のとおり（昭和61年6月6日基発第333号、労働者派遣法第44条第2項）。

問題52 解答

H27後

正解 オ

ポイント 年次有給休暇に関する理解度を問う。

解説

ア．不適切。一斉付与の場合で、年次有給休暇の権利のない者を休業させた場合、その者に休業手当を支給しなければ労基法第26条違反となるが、特別休暇の付与までは義務づけられていない（昭和63年3月14日基発第150号）。

イ．不適切。労使協定で定めることにより、1時間以外の時間を単位として

323

付与することも可能である（労基則第24条の4第2項）。
ウ．不適切。労基法第115条の規定により2年の消滅時効が認められるので、当該年度に取得されなかった年次有給休暇の残日数・時間数は、次年度に繰り越されることになる（昭和22年12月15日基発第501号）。
エ．不適切。時間を単位として与えることができることとされる有給休暇の日数は、5日以内に限られる（労基法第39条第4項第2号）。
オ．適切。選択肢のとおり（労基法第39条第8項。昭和23年2月13日基発第90号、昭和63年3月14日基発第150号、平成6年1月4日基発第1号、平成11年3月31日基発第168号）。

問題53 解答

正解 ウ

ポイント 年次有給休暇の付与要件についての理解度を問う。

解説
ア．不適切。継続勤務とは存続期間すなわち在籍期間をいうものであり、継続勤務か否かについては、勤務の実態に即し実質的に判断すべきものとされている（昭和63年3月14日基発第150号）。
イ．不適切。実質的に労働関係が継続しているので継続勤務と取り扱わなければならない（昭和63年3月14日基発第150号）。
ウ．適切。慶弔休暇等については、使用者ないし労使当事者が自由にその性質を定めうるものである。
エ．不適切。出勤したものとして取り扱わなくてはならない（昭和23年7月31日基収第2675号）。
オ．不適切。所定休日に労働させた日は、全労働日に含まれない（昭和33年2月13日基発第90号、昭和63年3月14日基発第150号）。

労務管理 2級

B●就業管理 ＞ 6●休暇

3●その他の法定休暇

テキスト第2章第6節

問題54 解答

H27前

正解 エ

ポイント 法定休暇、休業に関する知識を問う。

解説

ア．適切。選択肢のとおり（育児・介護休業法第16条の3第2項。この項が準用している同法第6条、ならびに同規則第8条第2号。「2日以下」については平成23年厚生労働省告示第58号）。

イ．適切。選択肢のとおり。申し出を拒むことができるのは、育児・介護休業法第16条の3第2項の定めに限定される。

ウ．適切。選択肢前段については、そのとおり（労基法第19条）。後段については、6週間以内に出産する予定の女性労働者が休業を請求せず引き続き就業している場合は、労基法第19条の解雇制限期間にはならない（昭和25年6月16日基収第1526号）。

エ．不適切。公民権の行使を労働時間外に実施すべき旨を定めたことにより、労働者が就業時間中に選挙権の行使を請求することを拒否することは、違法である（昭和23年1月30日基発第1575号）。

オ．適切。選択肢のとおり（昭和61年3月20日基発第151号・婦発第69号）。

問題55 解答

H27後

正解 エ

ポイント 法定休暇に関する知識を問う。

解説

ア．不適切。就業規則において従業員に対し、①裁判員候補者名簿記載通知を受けたこと、②裁判員候補者として呼出しを受けたこと、③裁判員や補充裁判員に選任されたことについて使用者に対する報告を義務付けた場合

であっても、それが①から③までに該当する従業員が一定の期間不在となることに伴って、従業員の勤務体制の変更等を行う必要があるなど合理的な必要性があることに基づき、その必要性の範囲内で報告を義務付けるものであるときは、その義務付け自体が裁判員法に違反することとはならない（法務省HP「従業員の方が裁判員等に選ばれた場合のＱ＆Ａ」）。

イ．不適切。裁判員に支払われる日当は、職務を遂行することにより生じた保育料、その他裁判所に行くために要した諸雑費等の損失を一定の限度内で弁償・補償するものである。当日は裁判員等としての勤務の対価ではないので、日当と会社が定めた裁判員休暇の給与の両方を受け取ることは二重取りにはならない（法務省HP「同上」Ｑ２）。

ウ．不適切。労使協定によって育児時間を一括して一度に請求できるとすることは、それが全員について分割請求を認めずに一律に１回とその請求しうる回数を制限するものではなく、一度にまとめての請求もできるという趣旨の協定であれば、問題ない（労基法コメ下 p.751）。したがって、労基法第67条に基づき、労働者が育児時間を１日に２回それぞれ30分で請求することを原則としつつ、それを一括して１回で与えることができる。

エ．適切。選択肢のとおり（育児・介護休業法第16条の３）。

オ．不適切。対象となる子が２人以上いる場合には、子１人につき５日間までしか取得できないものではなく、同一の子について10日間取得することも可能とする必要があり、選択肢のような禁止規定を置くことはできない（育児・介護休業法第16条の２）。

問題56 解答

正解 ウ

ポイント 生理日の休暇に関する知識の正確な理解度を問う。

解説

ア．適切。昭和61年３月20日基発第151号・婦発第69号。

イ．適切。選択肢のとおり（昭和61年３月20日基発第151号・婦発第69号）。

ウ．不適切。原則として特別の証明がなくても女性労働者の請求があった場合には、これを与えることにし、特に証明を求める必要が認められる場合

であっても、医師の診断書のような厳格な証明を求めることなく、同僚の証言による一応の事実を推断できる程度とすべきである（昭和23年5月5日基発第682号、昭和63年3月14日基発第150号・婦発第47号）。
エ．適切。選択肢のとおり（昭和23年5月5日基発第682号、昭和63年3月14日基発第150号・婦発第47号）。
オ．適切。選択肢のとおり（昭和23年7月31日基収第2675号、平成22年5月18日基発第0518第1号）。

B●就業管理 ＞ 6●休暇

4●法定外休暇（任意休暇）

テキスト第2章第6節

問題57 解答　H26後

正解　エ

ポイント　特別休暇制度の実施状況について理解しているかを問う。

解説

　厚生労働省「平成25年就労条件総合調査結果の概況：結果の概要」によると、夏季休暇、病気休暇等の特別休暇制度がある企業割合は57.9％（前年57.5％）となっており、これを特別休暇制度の種類別（複数回答）にみると、「夏季休暇」44.7％、「病気休暇」22.4％、「リフレッシュ休暇」11.1％、「ボランティア休暇」2.8％、「教育訓練休暇」3.2％、「1週間以上の長期の休暇」11.3％となっている。

ア．誤り。
イ．誤り。
ウ．誤り。
エ．正しい。
オ．誤り。

問題58 解答　H28前

正解　エ

ポイント　法定外休暇の基本事項と実務的な留意点を問う。

解説

ア．適切。特別休暇制度の実施状況について夏季休暇、病気休暇等の特別休暇制度がある企業割合は57.9％（前年57.5％）となっており、これを企業規模別にみると、「病気休暇」、「リフレッシュ休暇」、「ボランティア休暇」「1週間以上の長期の休暇」は企業規模が大きいほど、制度がある企業割

労務管理 2級

合が高くなっている（「平成25年就労条件総合調査」厚生労働省）。

イ．適切。夏季休暇、病気休暇等の特別休暇制度がある企業割合は57.9％（前年57.5％）となっており、これを特別休暇制度の種類別（複数回答）にみると、「夏季休暇」44.7％、「病気休暇」22.4％、「リフレッシュ休暇」11.1％、「ボランティア休暇」2.8％、「教育訓練休暇」3.2％、「1週間以上の長期の休暇」11.3％となっている。

　夏季休暇について企業規模別にみると、1000人以上（44.7％）、300～999人（39.4％）、100～299人（41.9％）、30～99人（46.0％）となっており、規模との相関はみられない（「平成25年就労条件総合調査」厚生労働省）。

ウ．適切。休職とは、私傷病、組合専従等主に労働者側の個人的事情により相当長期間にわたり就労を期待し得ない一定の事実が発生した場合に、当該労働者としての身分を保有したまま一定期間その労働者のなすべき職務の担任を解除することである（労基法コメ上 p.272）。

エ．不適切。慶弔休暇は、一般的に労働者本人又はその親族の冠婚葬祭に際して付与される休暇をいう。この休暇は、法律で定められたものではなく使用者が任意に与える休暇であるが、制度として設けられている場合には、必ず就業規則で具体的に記載しなければならない（労基法コメ下 p.897）。

　任意に与える休暇については、一般的には、休暇の名称、目的と付与事由、対象者、付与する日数又は時間数、休暇取得の手続、賃金の支払いの有無と支払う場合にはその額等の要件を使用者が決めておく必要があるであろう。しかし、選択肢の「慶弔休暇を定めるときは、親族の種別及び休暇の事由によって日数を定めなくてはならない」とは特に規定されておらず、就業規則への規定の仕方も任意である。

オ．適切。選択肢のとおり（昭和23年3月31日基発第513号）。

問題59 解答

H28後

正解　オ
ポイント　法定外休暇に関して誤った理解がないかを問う。
解説
ア．適切。選択肢のとおり（昭和23年3月31日基発第513号、昭和23年10月

329

15日基収第3650号)。
イ．適切。任意の休暇であるため、目的、付与要件・手続・対象となる労働者等は使用者が就業規則等で任意に定めることとになる。
ウ．適切。根拠は、イ．と同じ。
エ．適切。根拠は、イ．と同じ。
オ．不適切。育児・介護休業法に規定する育児休業、介護休業の期間は、出勤したものとみなす。したがって、分母、分子両方に入れる（労基法第39条第8項)。

労務管理 2級

B●就業管理 ＞ 7●有期契約労働者の雇用・就業管理

2●特定有期雇用労働者に係る無期転換権の特例
テキスト第2章第7節

問題 60 解答

H27後

正解 イ

ポイント 労働契約に関する知識を問う。

解説

ア．不適切。システムエンジニアとしての実務経験が5年以上あれば高度専門職に該当する（「専門的知識等を有する有期雇用労働者等に関する特別措置法第2条第1項の規定に基づき厚生労働大臣が定める基準」（平成27年3月18日厚生労働省告示第67号）第6号）。

イ．適切。選択肢のとおり（労契法第18条第1項、有期雇用特別措置法第8条第1項）。

ウ．不適切。無期転換申込権が発生しない期間の上限は、10年である（有期雇用特別措置法第8条第1項）。

エ．不適切。プロジェクトの具体的な範囲についても書面にて明示する必要がある（労基法第15条）、「特定有期雇用労働者に係る労働基準法施行規則第5条の特例を定める省令」（平成27年3月18日厚生労働省令第36号）第1条。

オ．不適切。最低保障額が定められていて確実に支払われることが見込まれるものについては、年収に含めて判断する（有期雇用特別措置法第2条第3項第1号）。

B●就業管理　>　9●派遣労働者の雇用・就業管理

6●適正な派遣就業の確保のために派遣先が講ずべき措置等　テキスト第2章第9節

問題61 解答　　　　　　　　　　　　　　　　　　　　　　　　　H28後

正解　ウ

ポイント　派遣労働者と関わりが多い関連法規との関係について、実務上の理解度を問う。

解説

ア．不適切。常用型の派遣労働者の場合には、育児休業を当然に取得できる。期間雇用者であっても同一の事業主に引き続き雇用された期間が1年以上である場合や、子が1歳に達する日を超えて引き続き雇用されることが見込まれる場合、労働契約書の記載にかかわらず取得できる（育児・介護休業法第5条）。

イ．不適切。一般健康診断の実施義務は派遣元、特殊健康診断の実施義務は、派遣先にある（労働者派遣法第45条第3項）。

ウ．適切。選択肢のとおり（労働者派遣法第47条の2）。

エ．不適切。紹介予定派遣の場合は、派遣契約の終了後又は途中において職業紹介が行われ労働契約が成立することから、通常行われる事前の履歴書提出や面接が行われるのは当然であるという判断である（労働者派遣法第26条第7項）。

オ．不適切。派遣元においては、「事業の正常な運営を妨げる場合」に該当しなくても、派遣先においては該当する場合もあることから、代替労働者派遣の可能性も含めて、派遣元は判断を求められることになる（昭和61年6月6日基発第333号）。

問題 62 解答

労務管理 2級 H27前

正解 ア

ポイント 派遣労働者を受け入れる際の管理体制についての理解度をみる。

解説

ア．誤り。派遣先責任者は、事業所等ごとに当該事業所等に専属の派遣先責任者として自己の雇用する労働者の中から選任することと規定している（労働者派遣法規則第34条第1項）。

また、派遣先責任者の選任に当たっては、労働関係法令に関する知識を有する者であること、人事・労務管理等について専門的な知識又は相当期間の経験を有する者であること、派遣労働者の就業に係る事項に関する一定の決定、変更を行い得る権限を有する者であること等派遣先責任者の職務を的確に遂行することができる者を選任するよう努めることとされている（「派遣先指針」第2−13）。

以上のように管理職でなければならないとは規定されておらず、格別管理職であることを必要としない。

イ．正しい。選択肢のとおり（労働者派遣法規則第34条第3項）。

ウ．正しい。選択肢のとおり（労働者派遣法第42条、同規則第35条2項、「派遣先指針」第2−7）。

エ．正しい。選択肢のとおり（労働者派遣法第42条第3項、同規則第38条）。

オ．正しい。選択肢のとおり（労働者派遣法第42条第2項）。

解答・解説編

B●就業管理　＞　11●妊産婦等の就業管理

1●妊産婦の休暇・休業
テキスト第2章第11節

問題63　解答
H26後

正解　オ

ポイント　産前産後休業に関する知識を問う。

解説

ア．正しい。産前の休業については、当該女性の請求が条件となっており、当該女性の請求がなければ第65条第1項による就業禁止には該当しない（労基法第65条第1項）。なお、出産日は産前6週間に含まれる（昭和25年3月31日基収第4057号）。

イ．正しい。選択肢のとおり（労基法第39条第8項）。

ウ．正しい。休業期間中における給与については、有給とも無給とも規定されていないので、労働協約、就業規則等で定めるところによる。

エ．正しい。選択肢のとおり（労基法第12条第3項）。

オ．誤り。産前産後期間中の健康保険・厚生年金保険の保険料は、「産前産後休業取得者申出書」を保険者に提出することにより事業主及び被保険者の保険料が免除される（健保法第159条、第159条の3、厚年法第81条の2、第81条の2の2）。

問題64　解答
H27前

正解　イ

ポイント　妊娠・出産等を理由とする不利益取扱いに関する理解と実務上の留意点を問う。

解説

ア．不適切。原則として、妊娠・出産・育児休業等の事由の終了から1年以内に不利益取扱いがなされた場合は「契機として」いると判断する。ただし、事由の終了から1年を超えている場合であっても、実施時期が事前に

決まっている、又は、ある程度定期的になされる措置（人事異動、人事考課、雇止めなど）については、事由の終了後の最初のタイミングまでの間に不利益取扱いがなされた場合は「契機として」いると判断する（「職場における妊娠・出産・育児休業・介護休業等に関するハラスメント対策やセクシャルハラスメント対策は事業主の義務です!!」厚生労働省 都道府県労働局雇用・均等部（室） 平成28年）。

イ．適切。選択肢のとおり（労基法第65条第3項）。この規定は原則として女性が請求した業務に転換させる趣旨であるが、新たに軽易な業務を創設して与える義務まで課したものではない（昭和61年3月20日基発第151号・婦発第69号）。

ウ．不適切。選択肢のケースは、不利益取扱いに該当する（労働者派遣法第47条の2、男女雇用機会均等法第9条第3項）。

エ．不適切。契約の更新をしないことの理由が妊娠・出産等に該当する場合は不利益な取扱いとして禁止される（男女雇用機会均等法第9条第3項、「労働者に対する性別を理由とする差別の禁止等に関する規定に定める事項に関し、事業主が適切に対処するための指針」（平成18年厚生労働省告示第614号）第4の3-（2）ロ）。

オ．不適切。「賞与又は退職金の支給額の算定に当たり、不就労期間や労働能率の低下を考慮の対象とする場合において、現に妊娠・出産等により休業した期間や労働能率が低下した割合を超えて、休業した、又は労働能率が低下したものとして取り扱うこと」は、減給をし、又は賞与等において不利益な算定を行うこと」に該当する（男女雇用機会均等法第9条第3項、「労働者に対する性別を理由とする差別の禁止等に関する規定に定める事項に関し、事業主が適切に対処するための指針」（平成18年厚生労働省告示第614号）第4の3-（3）ニ④）。しかし、低下割合を減額評価すること自体は禁止されていない。

問題65 解答

正解 ウ

ポイント 妊産婦の就業管理についての知識を問う。

解説

ア．不適切。産後8週間は労働者の請求の有無にかかわらず就業させることが禁止されているが、産後6週間を経過し、かつ、当該労働者の請求を条件として、その者について医師が差し支えがないと認めた業務に限り、就労させることができる（労基法第65条第2項）。したがって、使用者産後6週間を経過した女性労働者に対し、就業を命ずることはできない。

イ．不適切。産前産後期間中の社会保険料（健康保険・厚生年金保険の保険料は、被保険者を使用する事業主が保険者に申し出ることにより免除される（健保法第159条の3、厚年法第81条の2の2）。また、雇用保険料は賃金支払いがある場合は、徴収される。

ウ．適切。母性健康管理の措置の実施にあたっては、「母性健康管理指導事項連絡カード」の取扱いや保管方法等についてプライバシーの保護に十分留意する必要がある（男女雇用機会均等法第13条、「妊娠中及び出産後の女性労働者が保健指導又は健康診査に基づく指導事項を守ることができるようにするために事業主が講ずべき措置に関する指針」（平成9年労働省告示第105号、以降、本解説では「指針」という）3）。

エ．不適切。事業主は、妊産婦である女性労働者から健康診査のために必要な時間の申し出があった場合、それを確保するようにしなければならない（男女雇用機会均等法第12条、平成9年11月14日基発第695号・女発第36号）。

オ．不適切。たとえ女性労働者本人のみの申し出であっても、その内容が明らかな場合、事業主は必要な措置を講じる必要がある。その内容が不明確な場合、事業主は女性労働者を介して主治医と連絡をとり、判断を求める等、適切な対応が必要である（男女雇用機会均等法第13条、「指針」2－(1)）。

問題66 解答　H28後

正解　オ
ポイント　労基法の妊産婦の項目について正確な把握ができているかを問う。
解説
ア．正しい。本人の請求の有無にかかわらず、妊産婦を危険有害業務に就か

労務管理 2級

せることはできない（労基法第64条の3）。
イ．正しい。選択肢のとおり（労基法第65条第1項）。
ウ．正しい。選択肢のとおり。関連して、問題64イ．の解説参照（労基法第65条第3項）。
エ．正しい。男女雇用機会均等法第9条第3項、同規則第2条の2第1号、平成18年厚生労働省告示第614号（第4の3－（2）（ロ）（3））。
オ．誤り。妊産婦がフレックスタイム制により労働することについて規制されない（労基法第32条の3第1項）。

B●就業管理　＞　12●育児・介護にかかわる者の就業管理

1●育児休業制度

テキスト第2章第12節

問題 67 解答

H28後

正　解　ウ

ポイント　育児に関わる者の就業管理についての知識を問う。

解　説

「業務の性質又は業務の実施体制に照らして短時間勤務制度を講ずることが困難と認められる業務」は、「子の養育又は家族の介護を行い、又は行うこととなる労働者の職業生活と家庭生活との両立が図られるようにするために事業主が講ずべき措置に関する指針」（平成21年厚生労働省告示第509号）第2-9（3）に次のように例示されている。なお、次に掲げる業務は例示であり、これら以外は困難と認められる業務に該当しないものではなく、また、これらであれば困難と認められる業務に該当するものではない。

イ　業務の性質に照らして、制度の対象とすることが困難と認められる業務
　国際路線等に就航する航空機において従事する客室乗務員等の業務

ロ　業務の実施体制に照らして、制度の対象とすることが困難と認められる業務
　労働者数が少ない事業所において、当該業務に従事しうる労働者数が著しく少ない業務

ハ　業務の性質及び実施体制に照らして、制度の対象とすることが困難と認められる業務
　（イ）　流れ作業方式による製造業務であって、短時間勤務の者を勤務体制に組み込むことが困難な業務
　（ロ）　交替制勤務による製造業務であって、短時間勤務の者を勤務体制に組み込むことが困難な業務
　（ハ）　個人ごとに担当する企業、地域等が厳密に分担されていて、他の労働者では代替が困難な営業業務

ア．例示されている。解説のハ（ハ）に該当する。

イ．例示されている。解説のハ（イ）に該当する。
ウ．例示されていない。コールセンター等における電話受信業務は、通常受信内容の記録を残しており、他の労働者への代替が可能である。
エ．例示されている。解説のイに該当する。
オ．例示されている。解説のロに該当する。

B●就業管理 ＞ 12●育児・介護にかかわる者の就業管理

4●育児・介護休業を取得した者等の雇用管理上の配慮　テキスト第2章第12節

問題 68 解答　H28前

正解　イ

ポイント　時間外労働や深夜労働が制限されるケースに対する理解度を問う。

解説

ア．正しい。時間外労働が制限されないのは、勤続1年未満の場合である（育児・介護休業法第17条）。

イ．誤り。労基法第41条該当者については、労働時間の規定が適用されないので、時間外労働や休日労働をさせたとしても法違反とならない（昭和61年3月20日基発第151号・婦発第69号）。

ウ．正しい。時間外労働が制限されないのは、週所定労働日数が2日以下の場合である（育児・介護休業法第17条）。

エ．正しい。選択肢のとおり（労基法第66条第1項）。

オ．正しい。選択肢のとおり（育児・介護休業法第19条）。

問題 69 解答　H28前

正解　オ

ポイント　介護に関わる者の就業管理に関して、実務上の取扱いができる。

解説

ア．不適切。介護休業の対象家族となる配偶者には、婚姻の届出をしていないが事実上婚姻関係と同様の事情にあるものを含むとしている（育児・介護休業法第2条第4号）。

イ．不適切。週の所定労働日数が2日以下の労働者については、労使協定を締結することにより拒むことができる（育児・介護休業法第12条第1項、第2項、同規則第23条）。

ウ．不適切。介護休業期間中は、社会保険（健康保険・厚生年金保険）の被

保険者資格は継続される。介護休業中に賃金が支給されない場合であっても育児休業の場合のように保険料免除の仕組みがないので、通常どおり保険料を納付しなければならない。また、事業主は、介護休業中の被保険者の保険料を納付しなければならない。
エ．不適切。三六協定を締結していても、上記の時間を超える時間外労働をさせることはできない（育児・介護休業法第18条）。
オ．適切。選択肢のとおり（育児・介護休業法第12条第2項）。

B●就業管理 ＞ 14●高年齢者の雇用・就業管理

②●高年齢者の雇用・就業管理にあたって
テキスト第2章第14節

H26後

正解 オ

ポイント 改正高年齢者雇用安定法で定める継続雇用制度を、正しく理解しているかを問う。

解説

ア．適切。心身の故障のため業務に堪えられないと認められること、勤務状況が著しく不良で引き続き従業員としての職責を果たし得ないこと等就業規則に定める解雇事由又は退職事由（年齢に係るものを除く）に該当する場合には、継続雇用しないことができる（「高年齢者雇用確保措置の実施及び運用に関する指針」（平成24年11月9日厚生労働省告示第560号、以降、本解説では「指針」という）第2－2）。

イ．適切。継続雇用後の労働条件については、法令に抵触しない範囲内で雇用契約期間、労働時間、賃金、待遇などに関して、事業主と労働者の間で決めることができる（高年齢者雇用安定法第9条第1項第2号）。

ウ．適切。高年齢者が希望すれば、65歳まで安定した雇用が確保される仕組みであれば、継続雇用制度を導入していると解釈されるので差し支えない（高年齢者雇用安定法第9条第1項第2号）。

エ．適切。特殊関係事業主により雇用を確保しようとするときは、事業主は、その雇用する高年齢者を当該特殊関係事業主が引き続いて雇用することを約する契約を、当該特殊関係事業主との間で締結する必要がある（高年齢者雇用安定法第9条第2項、「指針」第2－2）。

オ．不適切。継続雇用制度を導入する場合には、希望者全員を対象とする制度とする（「指針」第2－2）。

労務管理 2級

問題71 解答 H27前

正解 オ

ポイント 高年齢雇用者の雇用に関して、募集・採用、65歳までの雇用の確保、離職等一連の法的な問題点を理解しているかを問う。

解説

ア．適切。選択肢のとおり（高年齢者雇用安定法第18条の2、同規則第6条の5第3項）。

イ．適切。選択肢のとおり（高年齢者雇用安定法第17条第1項）。

ウ．適切。事業主は、高年齢者雇用確保措置を推進するため、作業施設の改善やその他の諸条件の整備を図るための業務を担当する者として、知識及び経験を有している者の中から高年齢者雇用推進者を選任するよう努めなければならない（高年齢者雇用安定法第11条、同規則第5条）。

エ．適切。高年齢雇用継続基本給付金は、基本手当を受給していない者を対象とする給付金で、原則として60歳時点の賃金と比較して、60歳以後の賃金5％未満となっている者で、①60歳以上65歳未満の一般被保険者であること、②被保険者であった期間（※）が5年以上あることの2つの要件を満たした者が対象となる（雇用保険法第61条）。

(※)「被保険者であった期間」とは、雇用保険の被保険者として雇用されていた期間の全てを指す。なお、離職等による被保険者資格の喪失から新たな被保険者資格の取得までの間が1年以内であること及びその間に求職者給付及び就業促進手当を受給していない場合、過去の「被保険者であった期間」として通算される。

オ．不適切。定年引上げの義務は課せられていない。

問題72 解答 H28後

正解 オ

ポイント 有期雇用特別措置法による継続雇用の高齢者についての特例の適用に関する理解度を問う。

解答・解説編

> **解　説**

　同一の使用者との有期労働契約が通算5年を超えて反復更新された場合に無期転換申込権が発生するが、定年に達した後、引き続いて雇用される有期雇用労働者（継続雇用の高齢者）については、適切な雇用管理に関する計画（第二種計画認定書）を作成し、都道府県労働局長の認定を受けた事業主の下で、引き続き定年後に雇用される期間は、無期転換申込権が発生しない。

　有期雇用特別措置法による特例の適用の認定を希望する事業主は、高年齢者雇用安定法第9条第1項各号に掲げる高年齢者雇用確保措置のいずれかを講じたうえで、以下のいずれかの雇用管理に関する措置のうち、事業主が置かれている実情に照らして適切なものを行うこととされている（有期雇用特別措置法第6条、「事業主が行う特定有期雇用労働者の特性に応じた雇用管理に関する措置に関する基本的な指針」平成27年厚生労働省告示第69号）。

・高年齢者雇用安定法第11条の規定による高年齢者雇用推進者の選任
・職業能力の開発及び向上のための教育訓練の実施等
・作業施設・方法の改善
・健康管理、安全衛生の配慮
・職域の拡大
・知識、経験等を活用できる配置、処遇の推進
・賃金体系の見直し
・勤務時間制度の弾力化

ア．適切。雇用管理に関する措置に該当する。
イ．適切。雇用管理に関する措置に該当する。
ウ．適切。雇用管理に関する措置に該当する。
エ．適切。雇用管理に関する措置に該当する。
オ．不適切。雇用管理に関する措置に該当しない。

労務管理 2級

B●就業管理 ＞ 15●障害者の雇用・就業管理

1●実雇用率算定の特例
テキスト第2章第15節

問題73 解答
H26後

正解 オ

ポイント 障害者雇用の基礎的な事項についての知識を問う。

解説
ア．正しい。出題当時の一般事業主の法定雇用率は2.0％である。しかし、一般事業主の法定雇用率は、平成30年4月1日より2.2％に、平成33年4月までに2.3％に引き上げられる（障害者雇用促進法第43条第2項、同施行令第9条）。

イ．正しい。選択肢のとおり（障害者雇用促進法第43条第4項。同法施行令第10条）。

ウ．正しい。選択肢のとおり（出題当時の根拠は、障害者雇用促進法第71条第1項、同法規則第33条。ただし、平成30年4月1日以降は法令改正により、同法第37条第2項、第43条第3項、同法規則第6条）。

エ．正しい。選択肢のとおり（障害者雇用促進法第43条第3項、平成6年3月8日労告第12号）。

オ．誤り。障害者雇用状況報告書は、常用雇用労働者数が50人以上である一般事業主が提出しなければならないとされていた（障害者雇用促進法第43条第7項、同規則第7条）。なお、平成30年4月1日以降は45.5人以上とされている。

問題74 解答
H27前

正解 ア

ポイント 障害者としてのカウントの仕方を確認する。

解説
ア．正しい。選択肢のとおり（障害者雇用促進法第14条、同法附則第3条第

345

2項、同法施行令第9条)。

イ．誤り。産業医が精神障害者と判定することはない。精神障害者は、①精神保健法第45条第2項により精神障害者福祉手帳の交付を受けている者及び②統合失調症、そううつ病（そう病及びうつ病を含む）又はてんかんにかかっている者（①に掲げる者に該当する者を除く）であって、症状が安定し、就労が可能な状態にあるものとする（障害者雇用促進法第2条第6号、同法規則第1条の4）。ただし、②の者は、障害者雇用の対象となる「対象労働者」に含まれない（同法第37条第2項）。

ウ．誤り。知的障害者は所定労働時間が20時間以上30時間未満の場合は、0.5人とカウントする（障害者雇用促進法第43条第3項、同規則第6条）。

エ．誤り。重度身体障害者又は重度知的障害者である労働者は、その1人をもって、2人の対象労働者である労働者とみなす（障害者雇用促進法第43条第4項、同法施行令第10条）。

オ．誤り。出題当時は、精神障害者である短時間労働者は、特例により、重度身体障害者又は重度知的障害者の短時間労働者1人を0.5人とカウントするのと同じ扱いとするとしていた（障害者雇用促進法第71条第1項、同規則第33条）。

　しかし、平成30年4月1日以降は法令改正により、身体障害者・知的障害者・一定の精神障害者（精神保健法第45条第2項により精神障害者福祉手帳の交付を受けている者に限る）を「対象障害者」と規定し（障害者雇用促進法第37条第2項）、対象障害者である短時間労働者は、0.5人とカウントすることとなった（同法第43条第3項、同法規則第6条）。

問題75 解答

正解　エ

ポイント　障害者雇用に係る基本的な雇用率の算出の仕方、報告、雇用率のカウント、未達成企業に対する行政の指導・障害者雇用納付金について問う。

解説

ア．不適切。選択肢の障害者雇用率は、次の式によって算出する。

障害者雇用率＝18人／1,000人×100＝1.8％

　一般の民間企業における障害者雇用率は、出題当時2.0％であるので、満たしていない（障害者雇用促進法第43条）。

イ．不適切。法律上、1人以上の障害者の雇用を義務づけられている一般の民間企業の事業主は、毎年1回、6月1日現在の企業全体の総括的状況と事業所ごとの対象障害者である労働者の雇用の状況を「障害者雇用状況報告書」により、7月15日までに企業の主たる事業所の所轄公共職業安定所長に行うこととされている（障害者雇用促進法第43条第7項）。

ウ．不適切。障害者雇用率のカウント対象となる短時間労働者とは、1週間の所定労働時間が20時間以上30時間未満の者である（障害者雇用促進法第43条、平成6年3月8日労働省告示第12号）。

エ．適切。法定の障害者雇用率を相当下回っている企業に対して公共職業安定所長は、「障害者雇入れに関する計画」の作成を命ずることができる。障害者雇入れに関する計画書は、命令が発せられた後、直近の1月1日から3年間の期間で法定雇用障害者数に不足する障害者の数、雇入れを予定する労働者数等を考慮しながら、実効ある計画を定めるものとされている。障害者雇入れ計画の実行を怠っている場合等には公共職業安定所長は、雇入れ計画の適正な実施の勧告をすることがある（障害者雇用促進法第46条第5項、第6項）。

　公表を前提とした特別指導（厚生労働省又は労働局）を行ったにもかかわらず、特別指導後の1月1日現在で実雇用率が全国平均未満（法定雇用数3〜4人の企業は、障害者雇用数が0人の場合）である企業については、厚生労働大臣が、企業名を公表することができる（障害者雇用促進法第47条）。

オ．不適切。平成27年4月からは常用雇用労働者数100人を超える規模の事業主が対象となる。

B●就業管理　＞　15●障害者の雇用・就業管理

2●障害者の雇用・就業管理
テキスト第2章第15節

問題76 解答
H27後

正解　オ

ポイント　障害者の雇用・就業管理に関する、実務上の取扱いについて問う。

解説
ア．適切。選択肢のとおり（障害者雇用促進法第2条、同規則第1条の2、第1条の4）。
イ．適切。選択肢のとおり（障害者雇用促進法第79条、同規則第38条）。
ウ．適切。知的障害がある労働者の場合、労働条件等を本人が正しく理解できない場合もあるため、保護者による面談等を求めるのもよい。就労支援機関の職員の同席を認めるのと同様、「合理的配慮指針」別表の趣旨に基づいているといえる。
エ．適切。法定外の有給休暇を付与している場合、時間単位の取得を認める等、障害がある労働者や事業所の実情に即した制度を導入、運用している事業所もみられる。
オ．不適切。労働者の責に帰すべき事由により解雇する場合、及び天災事変その他やむを得ない理由のために事業の継続が不可能となったことによって障害者である労働者を解雇する場合は届出を必要としない（障害者雇用促進法第81条、同規則第41条）。

問題77 解答

正解　オ

ポイント　障害者の雇用・就業管理に関して、実務上の取扱いができるかどうかを問う。

解説
ア．適切。障害者は再就職が困難であることから、公共職業安定所に届け出

ることによって、再就職先の紹介や職業訓練等を積極的に支援し、早期の再就職を図るためである（障害者雇用促進法第81条）。

イ．適切。「合理的配慮指針」別表。

ウ．適切。選択肢のとおり（障害者雇用促進法第46条、第47条）。

エ．適切。選択肢のとおり（障害者雇用促進法第2条、身体障害者（昭和51年10月1日職発第447号、知的障害者（「プライバシーに配慮した障害者の把握・確認ガイドライン」）、精神障害者（障害者雇用促進法規則第1条の4）。

オ．不適切。出題当時は、実雇用率の算定にあたり、精神障害者1人につき、身体障害者又は知的障害者である労働者1人を雇い入れたものとしてカウントするとしていた（障害者雇用促進法第71条第1項）。

　しかし、平成30年4月1日以降は法令改正により、身体障害者・知的障害者・一定の精神障害者（精神保健法第45条第2項により精神障害者福祉手帳の交付を受けている者に限る）を「対象障害者」と規定し（障害者雇用促進法第37条第2項）、対象障害者は1人を雇い入れたものとしてカウントすることとなった（同法第43条第1項）。

B●就業管理 ＞ 16●外国人労働者の雇用・就業管理

1●外国人労働者の雇用・就業管理
テキスト第2章第16節

問題78 解答
H27前

正 解 イ

ポイント 外国人雇用に関する知識を問う。

解 説

ア．正しい。外国人を雇用する事業主には、外国人労働者の雇入れ及び離職の際に、その氏名、在留資格などについて、所轄公共職業安定所長へ届け出ることが義務づけられている。届出の対象となる外国人の範囲は、日本の国籍を有しない者で、在留資格「外交」「公用」「特別永住者」以外の者である（雇用対策法第28条）。

イ．誤り。我が国では、ワーキング・ホリデー制度の利用者に対して、滞在期間中における旅行・滞在資金を補うための付随的な就労を認めている。しかし、「風俗営業又は風俗関連業が営まれている営業所において行うものを除く」ものとされている（「出入国管理及び難民認定法第7条第1項第2号の規定に基づき同法別表第1の5の表の下欄に掲げる活動を定める件」（平成2年法務省告示第131号）5）。

ウ．正しい。選択肢のとおり（厚年法附則第29条）。

エ．正しい。選択肢のとおり。在留カード、パスポート、住民票記載事項証明書による外国人の在留資格の確認の概要は、次のとおりである。

●**在留カード**

在留カードは、我が国に中長期間適法に在留する外国人にのみ交付され、短期滞在者、不法滞在者等には交付されない。在留カードには、顔写真のほか氏名、国籍・地域、生年月日、性別、在留資格、在留期限、就労の可否などの情報が記載される。就労制限の有無や資格外活動の許可を受けているときはその旨を記載されているので、事業主等が在留カードを見ただけで、当該外国人が就労可能な在留資格を有しているかを容易に判断できる。

●**住民票記載事項証明書**

住民票記載事項証明書は、住民票原本に記載されている事項を証明するも

のである（必要に応じた一部の項目について証明することができる。例えば、勤務先の会社の所定様式の用紙に、住所や氏名を自分で記入して、その内容が住民票に記載されている内容と相違ないことを市区町村が証明する場合も、住民票記載事項証明書という）。在留カード又は特別永住者証明書の交付対象者は、住民基本台帳法に基づき居住する市区町村で住民票が作成され、日本国民と同様に市区町村役場で住民票の写し又は住民票記載事項証明書の交付を受けることができる。

　住民票原本には、住所、氏名、生年月日、性別、前住所等が記載されているが、外国人については、国籍や在留資格、在留期間などの項目が加わる。

●パスポート

　空海港における上陸許可の場合は、旅券（パスポート）等に上陸許可の証印シールが貼付される。これは、在留カードが交付される場合も、交付されない場合も変わらない。ただし、在留資格の変更許可等の在留に係る許可を行う場合は、中長期在留者及び新たに中長期在留者となるときは、旅券等への証印シールの貼付は行われない。

　なお、新中長期在留者が在留期間更新許可等を受け、その後も引き続き中長期在留者に該当するときは、新たな在留資格・在留期間が記載された在留カードが交付されるが、旅券に証印シールは貼付されない。
（法務省入国管理局HP「新しい在留管理制度がスタート！　Q＆A在留管理制度よくある質問」http://www.immi-moj.go.jp/newimmiact_1/q-and-a.html）

オ．正しい。労災保険の請求者は、被災した労働者である。事業主には、被災労働者が事故のため、みずから保険給付その他の手続を行うことが困難である場合にはその手続を助力することと、被災労働者から保険給付を受けるために必要な証明を求められたときはすみやかに証明する義務がある（労災法規則第23条）。

　　選択肢のように外国人が不法滞在中に被災した場合であっても、当該外国人が事業主に使用されていた労働者に該当（労災法第3条、労基法第9条）すれば、事業主が労災保険の請求様式に証明を拒み、行政官庁がやむ得ない事情があると認めたときは、当該外国人は自ら労災保険請求をすることができる。

解答・解説編

問題79 解答 H28後

正解 イ

ポイント 外国人労働者就業管理について、より実践的対応の理解度を問う。

解説

ア．不適切。日本においては採用時に身元保証書を求める会社も多い。しかし、その場合でも入国時の身元保証人が必ずなるとは限らず、法律的にもその根拠はない。

　身元保証書は、我が国に入国を希望する外国人（短期滞在を目的とする者を除く）が入管法別表第二に定める在留資格の在留資格認定証明書交付申請の際に提出を求められることがある。その身元保証人に求められる内容は、次の3点である。なお、これらの内容は出入国管理及び難民認定法上の責任に対して負うものであり、民事上の債務保証等まで責任を負うものではない。

①当該外国人が日本での滞在費を支払うことができないときは、負担すること。

②当該外国人が日本から帰国旅費を支払うことができないときは、負担すること。

③日本国法令を遵守させること。

イ．適切。留学生には、1週間に28時間以内であれば、生活費の補助のためにアルバイトすることが認められる資格外活動許可（入管法第19条第2項）があるので、働きたいと応募してきた者にはその許可を確認できる書面の提示を求めるべきである。

ウ．不適切。相手国への派遣期間が5年を超えない見込みの場合には、当該期間中は相手国の法令の適用を免除し、自国の法令のみを適用する。5年を超える見込みの場合には、相手国の法令のみを適用する。

　2017年8月時点の社会保障協定の発効状況は、表のとおりである。日本は20ヵ国と協定を署名済みで、うち17ヵ国分は発効している。「保険料の二重負担防止」「年金加入期間の通算」は、日本とこれらの国の間のみで有効であることに注意が必要である。

協定発効済みの国	ドイツ、イギリス、韓国、アメリカ、ベルギー、フランス、カナダ、オーストラリア、オランダ、チェコ、スペイン、アイルランド、ブラジル、スイス、ハンガリー、インド、ルクセンブルク （注）イギリス、韓国は、「保険料の二重負担防止」のみの協定。
署名済みだが未発効の国	イタリア、フィリピン、スロバキア （注）イタリアは、「保険料の二重負担防止」のみの協定。

出所：日本年金機構ウェブサイト「社会保障協定」

エ．不適切。外国人募集も基本的には日本国内で行われる方法でよい。ただし、生活習慣や言葉等の違いがあることから、例えば、外国人向けの就労・定着支援サービスを行って、就職を支援する外国人のための公共職業安定所としての機能を有した外国人雇用サービスセンターはその一環であるが、利用は義務ではない。

オ．不適切。外国人が在留期限を超えて不法滞在中に被災した場合であっても、当該外国人が事業主に使用されていた労働者に該当（労災法第3条、労基法第9条）すれば、労災保険が適用される。

解答・解説編

C ● 労働安全衛生・福利厚生　＞　1 ● 安全衛生管理

1 ● 技術の進歩・環境の変化と安全衛生の課題　テキスト第3章第1節

問題 80　解答　　　　　　　　　　　　　　　　　　　　　H28後

正　解　イ

ポイント　労働災害等の全体的な傾向を問う。

解　説

ア．適切。平成26年の死傷者数は119,535人、平成27年は死傷者数116,311人（26年比△3,224人、2.7％減少）。
　＊平成28年は、117,910人である。

イ．不適切。製造業における死亡者数は160人、建設業は327人である。
　＊平成28年の死亡者数は、建設業294人、製造業177人で、死亡災害が最も多い業種は、建設業である。

ウ．適切。社会福祉施設における死傷災害は、近年の高齢労働者を中心とした雇用者数（社会保険・社会福祉・介護事業）の大幅増加（前年比4.3％増）を背景に、7,597人（前年比373人・5.2％増）と、増加傾向となっている（次表参照）。

	平成24年	25年	26年	27年	28年＊
死傷災害発生状況	6,480人	6,831人	7,224人	7,597人	8,281人

エ．適切。転倒は25,949件で（22.3％）最多である。ついで、転落・転落（17.1％）、はさまれ・巻き込まれ（12.5％）、動作の反動・無理な動作（12.4％）、きれ・こすれ（6.9％）の順で、この5種類で7割以上を占めている。
　＊平成28年の全産業の死傷病災害の事故の型別では、転倒（23.0％）が最も多く、ついで、転落・転落（17.0％）、動作の反動・無理な動作（12.8％）、はさまれ・巻き込まれ（12.0％）、きれ・こすれ（6.9％）の順で、この5種類で7割以上を占めている。

オ．適切。保健衛生業における死者は8人、商業は92人。
　＊平成28年の保健衛生業における死亡者数は13人、商業は92人であった。

労務管理 2級

C●労働安全衛生・福利厚生 ＞ 1●安全衛生管理

2●労働災害の防止に関する事業者の義務と責任　テキスト第3章第1節

問題 81 解答　　　　　　　　　　　　　　　H26後

正　解　　イ

ポイント　　労働安全衛生マネジメントシステム及びリスクアセスメントについての知識を問う。

解　説

ア．不適切。我が国が今日の安全衛生水準に到達した背景には、「ゼロ災運動」、「KYT（危険予知活動）」、「ツールボックスミーティング」など第一線を中心とした積極的な活動があり、すなわちボトムアップの安全文化がある。

　しかし、ISO9000、14000、安全衛生についてのBS8800等にみられるように、欧米を中心とした多くの国では、安全衛生管理についても初めにトップありきのいわゆるトップダウンのシステム、あるいは文書化中心のシステムで進められてきており、我が国のボトムアップの安全文化とは逆のシステムといえる。

イ．適切。労働安全衛生マネジメントシステムを構築する場合には、計画の段階（Plan）でリスクアセスメントを実施し、リスク度の高いものから優先順位を定めて対策を実施するのが原則である。

ウ．不適切。我が国における労働安全衛生マネジメントシステムの基本サイクルは、P（計画）→D（実施）→C（評価）→A（見直し）で、これは国際的な潮流とも一致している。

エ．不適切。ヒヤリ・ハット事例は、リスクアセスメントを実施する場合の重要な情報源となる。

オ．不適切。安衛則第3条の2。

解答・解説編

問題82 解答　H27前

正解　オ

ポイント　安衛法上の衛生委員会に関する理解度をみる。

解説

ア．誤り。衛生委員会と安全委員会を兼ねて安全衛生委員会として設立することができる（安衛法第19条第1項）。

イ．誤り。衛生委員会は、毎月1回以上開催しなければならない（安衛則第23条第1項）。

ウ．誤り。衛生委員会の議長は、総括安全衛生管理者又はこれに準ずる者がなる（安衛法第18条第4項）。

エ．誤り。議長を除く委員の半数については、過半数代表者の推薦に基づいて事業主が指名しなければならない（安衛法第18条第4項）。

オ．正しい。安衛則第23条第4項。

●参考文献等
・「標準テキスト　労務管理3級（第2版）」2017　pp.281〜282

問題83 解答　H27後

正解　オ

ポイント　これからの安全衛生管理の主流となる労働安全衛生マネジメントシステム及びリスクアセスメントについての基本知識を問う。

解説

ア．適切。マネジメントシステムの基本サイクルは、PDCAであることは一般化している（安衛則第24条の2第4号）。

イ．適切。安衛法第88条第1項但書。

ウ．適切。安衛則第24条の2第2号。

エ．適切。

労務管理 2級

オ．不適切。労働安全衛生マネジメントシステム及びリスクアセスメントは、努力義務規定であり罰則はない。なお、構築・運用する場合には、安全衛生委員会の調査審議事項となった（安衛則第24条の２、安衛法第28条の２、安衛則第21条及び第22条）。

●参考文献等
・中央労働災害防止協会編「労働安全衛生マネジメントシステム システム担当者の実務」2012

問題 **84** 解答　　　　　　　　　　　　　　　H28前

正解　オ

ポイント　高額化の傾向にある安全配慮義務訴訟に関する基本的な知識を問う。

解説

ア．不適切。労働災害に関して民事訴訟を提起する場合の根拠は、不法行為（民法第709条）又は債務不履行（民法第715条）に限定されず、土地の工作物等の占有者及び所有者（民法第717条）、自動車の運行供用者責任（自動車損害賠償保険法第３条）、注文者の責任（民法第716条但書）で行われる場合もある。

また、不法行為に基づく損害賠償責任と、安全配慮義務違反（債務不履行）に基づく損害賠償責任は、選択的に主張することもできるし、一方を主張して提訴した後、他方の主張を追加することもできる。陸上自衛隊八戸車両整備工場事件（最三小判昭和50年2月25日　民集29巻2号 p.143）など。

イ．不適切。安全配慮義務の範囲は、安衛法で規定されている事項は当然であるが、国が公表した告示、指針、事業場の安全衛生管理規程等のほか、予見可能な災害に対する防止措置の実施義務まで含むものとされている。

ウ．不適切。被災労働者と雇用関係にない元方事業者も、安全配慮義務に違反するものとして、被告とされることがある。大石塗装・鹿島建設事件（最一小判昭和55年12月18日　民集34巻7号 p.888）。

解答・解説編

エ．不適切。労契法第5条。
オ．適切。民法第709条（不法行為）の時効（第724条）は3年であるが、同法第415条（債務不履行）の時効（民法第167条）は10年である。

 解答

正解　ア

ポイント　労働安全衛生マネジメントシステム、リスクアセスメント等に関する基本知識を問う。

解説
ア．不適切。安衛則第24条の2において、厚生労働大臣は事業者の自主的防災活動を促進するため、労働安全衛生マネジメントシステムに関する指針を定めることができるとされている。事業者に実施が義務づけられているわけではない。
イ．適切。労働安全衛生マネジメントシステムの構築には、リスクアセスメントの実施が必須である（「労働安全衛生マネジメントシステムに関する指針」（平成11年労働省告示第53号）第10条）。
ウ．適切。その他「枝分れ」方法等もあるが、我が国ではこの2方法が一般的である。
エ．適切。
オ．適切。

●参考文献等
・中央労働災害防止協会編「労働安全衛生マネジメントシステム システム担当者の実務」2012

労務管理 2級

C●労働安全衛生・福利厚生 ＞ 1●安全衛生管理

4● 派遣労働者の安全衛生の確保

テキスト第3章第1節

問題 86 解答

H27後

正解 ウ

ポイント 派遣元及び派遣先が講ずべき派遣労働者の安全衛生の確保についての理解度を問う。

解説

ア．適切。派遣労働者が労働災害に被災した場合は、労働者死傷病報告を作成し、派遣先の事業場を所轄する労働基準監督署に提出しなければならない。また、当該労働者死傷病報告の写しを、遅滞なく、派遣元事業者に送付しなければならない（「派遣労働者に係る労働条件及び安全衛生の確保について」（平成27年9月30日基発0930第5号）第3－2－(9)－イ）。安衛法第100条、安衛則第97条、労働者派遣法規則第42条。

イ．適切。派遣先は、派遣元事業主が雇入れ時の安全衛生教育を適切に行えるよう、派遣労働者が従事する業務についての情報提供を積極的に行うとともに、派遣元事業主から雇入れ時の安全衛生教育の委託の申入れがあった場合には、可能な限りこれに応じるよう努める等、安全衛生に係る措置を実施するために必要な協力や配慮を行うこととされている（「派遣先指針」第2－17）。

ウ．不適切。派遣労働者が業務上の事由又は通勤途上において負傷した場合には、派遣元の労災保険が適用される。派遣先が適用事業となるのは、労働者派遣法第44条から第47条の2に限定される特例が設けられており、それ以外は派遣元が適用事業となる（労災法第3条、労働者派遣法第44条～第47条の2）。

エ．適切。派遣元責任者は、派遣労働者の安全衛生に関し、当該派遣元事業所において労働者の安全衛生に関する業務を統括する者及び派遣先と必要な連絡調整を行わなければならない（「派遣元指針」第2－12）、労働者派遣法第36条第6号。

オ．適切。労働者派遣法第36条、同規則第29条第3号。

C ● 労働安全衛生・福利厚生 ＞ 1 ● 安全衛生管理

5 ● 労働安全衛生教育時の留意事項　テキスト第3章第1節

問題 87 解答　　　　　　　　　　　　　　　　　　H26後

正解　ウ

ポイント　不安全行動防止等のために必要な、安全衛生教育の効果的な実施についての知識を問う。

解説

ア．不適切。雇入れ時の安全衛生教育（安衛法第59条第1項、安衛則第35条）には、保存期限が定められていない。なお、特別教育を行ったときには、その記録を3年間保存する義務がある（安衛法第103条、安衛則第38条）。

イ．不適切。職長教育が義務づけられている業種に、林業、鉱業、運送業、清掃業は含まれていない（安衛法第60条、安衛令第19条）。

ウ．適切。安衛法第60条では、新たに職務につくこととなった職長等作業中の労働者を直接指導又は監督する者に対し安全衛生教育を行わなければならないと規定している。その教育の講師を養成することを目的として国は、通達（平成18年5月12日基発第0512004号）によりカリキュラムを定めており、職長等教育の講師には、このカリキュラムを終了した者（労働省方式現場監督者安全衛生教育トレーナー（通称RSTトレーナー）という）の中から講師を充てることとしている。

エ．不適切。講義方式の教育は、一度に多数の対象者に知識を与える教育方法としては適しているが、実戦的な深みのある教育方法としては適していない。

オ．不適切。作業手順に関する事項の教育は、雇入れ時教育で義務づけられている（安衛則第35条第1項第3号）。

● 参考文献等

・「標準テキスト　労務管理3級（第2版）」2017　pp.285 〜 293

労務管理 2級

解答

正解 エ

ポイント 災害防止対策の基本の1つである安全衛生教育の種類と根拠法令についての知識を問う。

解説
ア．安衛法第59条第1項、安衛則第35条による、雇入れ時の安全衛生教育。
イ．安衛法第59条第3項、安衛則第36条第37号により、石綿等が使用されている建築物又は工作物の解体等の作業に労働者をつかせるときに事業者が行わなければならない、特別教育。
ウ．安衛法第60条による、職長教育。
エ．厚生労働省の「VDT作業における労働衛生管理のためのガイドライン」（平成14年4月5日基発第0405001号）に基づく教育。
オ．安衛法第59条第2項による、作業内容変更時の安全衛生教育。

●参考文献等
・「標準テキスト　労務管理3級（第2版）」2017　pp.285～293

問題89 解答

正解 オ

ポイント 労働災害防止対策の基本の1つである安全衛生教育手法についての知識を問う。

解説
ア．適切。少人数による討議、シンポジウム、パネルディスカッション等があるが、職場で行うものとしては討議方式が多い。
イ．適切。OJTによる安全衛生教育は、現場作業に熟練していない者などに対して実務的な教育を行うもののほか、現場で一定の経験を有する者に対して行うものなどがある。

361

ウ．適切。適切かつ効果的な教育を実施するには教育計画を作成することが必要である。教育計画は、（なぜWhy）－目的、（何をWhat）－教育内容、（いつWhen）－実施時期、（誰がWho）－講師・トレーナー、（誰をWhom）－対象者、（どのようにHow）－対象者に応じた教育技法の５Ｈ１Ｈの原則に沿って具体的に作成することが大切である。

エ．適切。

オ．不適切。問題解決方式による教育は少人数で行うもので、時間がかかるという特徴があり、一定の知識経験を有する者の能力向上を図るための手法としては効果的であるが、基本知識を有していない新規採用者については、まず講義方式で行うのが一般的である。

●参考文献等
・「標準テキスト　労務管理３級（第２版）」2017　pp.285〜293

労務管理 2級

C●労働安全衛生・福利厚生 ＞ 2●健康管理・メンタルヘルス

1●職場環境の管理と改善

テキスト第3章第2節

問題 **90** 解答

H26後

正解 イ

ポイント 全産業共通の疾病である腰痛に関し、その予防について国が示した「職場における腰痛予防対策指針（平成25年6月18日基発第0618第1号）」（以下「指針」という）の知識について問う。

解説

ア．適切。立ち作業を行う場合には、おおむね1時間につき2回程度小休止・屈伸運動やマッサージ等を行わせることが望ましい。（「指針」別紙Ⅱ－5）。小休止・休息を取り、下肢の屈伸運動等を行うことは、下肢の血液循環を改善するために有効である

イ．不適切。満18歳以上の男子労働者が人力のみにより取り扱う物の重量は、体重のおおむね40％以下となるように努めることとされている。満18歳以上の女子労働者では、さらに男性が取り扱うことのできる重量の60％位までとすること（「指針」別紙Ⅰ－2－(2)）。

ウ．適切。取り扱う物の重量は、できるだけ明示すること（「指針」別紙Ⅰ－3－(3)）。

実際の重量が、外見とは大きく異なり、誤った力の入れ方、荷物の反動等により、腰部に予期せぬ負担が発生し、腰痛を引き起こすことがある。取り扱う荷物の重量を表示することにより、労働者が、あらかじめ当該荷物の重量を知り、持ち上げる等の動作にあたり、適切な構えで行うことが可能となる。

エ．適切。「指針」別紙Ⅰ－2－(2)で示された重量を超える重量物を取り扱わせる場合、適切な姿勢にて身長差の少ない労働者2人以上にて行わせるように努め、各々の労働者に重量が均一にかかるようにすること（「指針」別紙Ⅰ－2－(3)）。

オ．適切。重量物を持ち上げたり、押したりする動作をするときは、できるだけ身体を対象物に近づけ、重心を低くするような姿勢を取ること（「指針」

363

別紙Ⅰ-4-(1))が大切である。できるだけ身体を対象物に近づけ、重心を低くする姿勢をとることで、不自然な姿勢を回避しやすくなる（次図参照）。

●物を持ち上げるときの姿勢

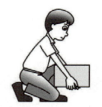

図 a　好ましい姿勢　　　　　図 b　好ましくない姿勢

好ましい姿勢（図 a）

　できるだけ身体を対象物に近づけ、重心を低くする姿勢をとることで、不自然な姿勢を回避しやすくなる。
　床面等から荷物を持ち上げる場合は、片足を少し前に出し、膝を曲げてしゃがむように抱え、この姿勢から膝を伸ばすようにすることによって、腰ではなく脚・膝の力で持ち上げる。

好ましくない姿勢（図 b）

　両膝を伸ばしたまま上体を下方に曲げる前屈姿勢を取らないようにする。

　　　　　出所：厚生労働省「職場における腰痛予防対策指針及び解説」より一部改変

● 参考文献等

・厚生労働省「職場における腰痛予防対策指針及び解説」

問題 91 解答　　　　　　　　　　　　　　　　　　　H27前

正解　ア
ポイント　健康診断についての基礎知識を問う。
解説

ア．不適切。安衛法第66条、安衛則第43条。安衛則第43条に基づく雇入れ時の健康診断は、常時使用する労働者を雇い入れた際における適正配置、入

労務管理 2級

職後の健康管理に資するための健康診断であり、採用選考時に実施することを義務づけたものではなく、また、応募者の採否を決定するために実施するものでもない(「採用選考時の健康診断に係る留意事項について」平成13年4月24日事務連絡)。
イ．適切。選択肢のとおり(安衛法第66条、安衛則第44条)。
ウ．適切。選択肢のとおり(安衛法第66条、安衛則第45条、第13条第1項第2号)。
エ．適切。選択肢のとおり(安衛法第66条、安衛則第45条の2)。
オ．適切。選択肢のとおり(安衛則第47条)。

●参考文献等
・「標準テキスト　労務管理3級（第2版)」2017　pp.311 ～ 319

 問題92 解答　　　　　　　　　　　　　　　　　　　　　H28前

正解　ア
ポイント　健康管理についての理解度を問う。
解説
ア．適切。選択肢のとおり(安衛則第51条)。
イ．不適切。労働者の健康の保持増進(THP)のための具体的措置としては、健康測定(健康度測定すなわち健康保持増進のための健康測定をいう)とその結果に基づく運動指導、メンタルヘルスケア、栄養指導、保健指導があり、これらの事項は、それぞれに対応したスタッフの緊密な連携により推進されなければならない。

ちなみに事業場における健康保持増進措置を実施するにあたっての必要なスタッフの種類とその役割は、次のとおりである(「事業場における労働者の健康保持増進のための指針」)。

①**産業医**は、健康測定を実施し、その結果に基づいて個人ごとの指導票を作成する。さらに、当該個人指導票により、健康保持増進措置を実施する他のスタッフに対して指導を行う。
②**運動指導担当者**(ヘルスケアトレーナー)は、健康測定の結果に基づき、

個々の労働者（ヘルスケアリーダー）に対して具体的な運動プログラムを作成し、運動実践を行うに当たっての指導を行う。また、自ら又は運動実践担当者に指示し、当該プログラムに基づく運動実践の指導援助を行う。
③**運動実践担当者**は、運動プログラムに基づき、運動指導担当者の指示のもとに個々の労働者に対する運動実践の指導援助を行う。
④**心理相談担当者**は、健康測定の結果に基づき、メンタルヘルスケアが必要と判断された場合又は問診の際に労働者自身が希望する場合に、産業医の指示のもとにメンタルヘルスケアを行う。
⑤**産業栄養指導担当者**は、健康測定の結果に基づき、必要に応じて栄養指導を行う。
⑥**産業保健指導担当者**は、健康測定の結果に基づき、必要な保健指導を行う。

ウ．不適切。事業者の行う健康管理とは、労働者の疾病を早期に発見するための健康診断を行うことだけでなく、健康診断結果に基づく事後措置、疾病管理、疾病予防、健康相談、健康測定とその結果に基づく健康指導までを含めたものをいう。

エ．不適切。安衛法第66条第1項に定められている健康診断は、労働者の一般的な健康状態を調べる健康診断であって、いわゆる一般健康診断と称される。一般健康診断は、実施時期や対象者等によって、次のように分類される。
・雇入れ時の健康診断（安衛則第43条）
・定期健康診断（安衛則第44条）
・特定業務従事者健康診断（安衛則第45条）
・海外派遣労働者健康診断（安衛則第45条の2）
・給食従業員の検便（安衛則第47条）
・上記のほか、安衛法第66条の2に規定される「深夜業に従事する労働者が自ら受ける自発的健康診断」がある。

オ．不適切。糖尿病・高血圧疾患・狭心症や虚血性疾患等の発症には、遺伝的要素と若年期からの日常生活における偏りの積重ねが大きく関与しており、生活習慣病といわれている。生活習慣病は、今や健康長寿の最大の阻害要因となるだけでなく、国民医療費にも大きな影響を与えている。その

多くは、不健全な生活の積重ねによって内臓脂肪型肥満となり、これが原因となって引き起こされるものであるが、これは個人が日常生活の中での適度な運動、バランスの取れた食生活、禁煙を実践することによって予防することができる。

解答・解説編

C●労働安全衛生・福利厚生　>　2●健康管理・メンタルヘルス

3●メンタルヘルスの推進

テキスト第3章第2節

問題93 解答　　　　　　　　　　　　　　　　　　　　　H26後

正解　ウ

ポイント　労働者の心とからだの健康の保持増進等についての基本的な知識を問う。

解説

ア．適切。選択肢のとおり（安衛法第69条）。
イ．適切。選択肢のとおり。問題92イ．の解説参照。
ウ．不適切。THPにおけるメンタルヘルスケアは、健康測定の結果、メンタルヘルスケアが必要と判断された場合又は問診の際労働者自身が希望する場合に、産業医の指示に基づいて心理相談担当者が行うものである。その内容は、ストレスに対する気づきへの援助やリラクゼーションの指導等である。このため、ストレスチェック結果に基づき事業者が講ずべき措置とは趣旨及び内容が異なるものであることに特に留意しなければならない（「事業場における労働者の健康保持増進のための指針」）。
エ．適切。健康保持増進の取組において、その実施の事務に従事した者が、労働者から取得した健康情報を利用するに当たっては、当該労働者の健康保持増進のために必要な範囲を超えて利用してはならないことに留意しなければならない。また、事業者を含む第三者が労働者本人の同意を得て健康情報を取得した場合であっても、これと同様である（「事業場における労働者の健康保持増進のための指針」5）。
オ．適切。選択肢のとおり（安衛法第70条）。

問題94 解答　　　　　　　　　　　　　　　　　　　　　H27後

正解　ア

ポイント　休職する労働者が様々な不安を抱えていることへの理解と、労

労務管理 2級

働者の納得を得て休職制度を利用してもらう際の、説明事項と注意事項への理解度を問う。

解説

ア．不適切。休職中の労働者にどれくらいの頻度で接触を図っていくかは、病気の特性やそのときの状態によって判断されるべきであるが、休職中に頻繁に連絡を取ることは慎むべきである。なお、休職期間をできるだけ短くするための必要な働きかけや確認は、休職中の労働者の負担にならない範囲で適切に行われる必要がある。その判断が難しい場合には主治医に相談することも必要であろう。

　メンタルヘルス不調者にとって、人事からの頻繁な接触は、心理的負担になることもあり、休職中の報告を月に1回程度求めるなど、就業規則等に規定しておくことが望ましい。

イ．適切。本人が安心して療養できるようにするためには、休業中の経済的・将来的な不安を軽減するための配慮を行うことが重要である。事業場で設けている仕組みの活用や、また、例えば、健康保険の傷病手当金制度その他の公的支援制度、公的又は民間の職場復帰支援サービスなどの利用について、関係機関等が作成しているパンフレットを渡すなどにより、事業者が本人に対して手続きに関する情報を提供することや、場合によっては利用への支援を行うことなどが望まれる。精神保健福祉センター等を活用（連携・紹介）するなどの方法も考えられる（「心の健康問題により休業した労働者の職場復帰支援の手引き」）。

ウ．適切。選択肢のとおり。

エ．適切。選択肢のとおり。

オ．適切。選択肢のとおり。休業を開始する労働者に、療養に専念できるよう安心させると同時に、休業中の事務手続きや職場復帰支援の手順についての説明を行う（「心の健康問題により休業した労働者の職場復帰支援の手引き」）。

解答・解説編

C●労働安全衛生・福利厚生　＞　2●健康管理・メンタルヘルス

4●過重労働による健康障害防止　テキスト第3章第2節

問題 95 解答　　　　　　　　　　　　　　　　　　H26後

正　解　オ

ポイント　医師による面接指導制度に係る適切な知識と理解度をみる。

解　説

　下記によりBとDが不適切。したがって、オが正解。

A．適切。選択肢のとおり（安衛法第66条の8、安衛則第52条の2）。

B．不適切。労基法第41条では、監督若しくは管理の地位にある者（管理監督者）について、労働時間・休憩・休日の規定を適用しないと定めている。しかし、管理監督者であっても健康確保を図る必要があるので、事業者には適正な労働時間管理を行う責務がある（労働時間の適正な把握のために使用者が講ずべき措置に関する基準）。また、事業者には管理監督者に対しても安全配慮義務があるため、管理監督者を面接制度の対象者から除外することは不適切である。

C．適切。事業者は、面接指導（安衛法第66条の8第2項但書の場合において当該労働者が受けた面接指導を含む。）の結果に基づき、当該面接指導の結果の記録を作成して、これを5年間保存しなければならない。記録の記載事項は、次のとおりである（安衛則第56条の6）。
①実施年月日
②当該労働者の氏名
③面接指導を行った医師の氏名
④当該労働者の疲労の蓄積の状況
⑤前号に掲げるもののほか、当該労働者の心身の状況
⑥安衛法第66条の8第4項の規定による医師の意見

　面接指導を実施しない場合、行政機関から求められる改善報告については、選択肢のとおり。

D．不適切。安衛法第66条の8で規定される面接指導に関する通達（平成18年2月24日基発第0224003号）に、面接指導の費用及び面接指導を受ける

のに要した時間に係る賃金の支払いについて事業者が負担すべき旨、次のとおり示されている。

①面接指導の費用については、安衛法で事業者に面接指導の実施の義務を課しているので、当然、事業者が負担すべきものである。

②面接指導を受けるのに要した時間に係る賃金の支払いについては、当然には事業者の負担すべきものではなく、労使協議して定めるべきものである。しかし、労働者の健康の確保は、事業の円滑な運営の不可欠な条件であることを考えると、事業者が支払うことが望ましい。

E．適切。安衛法第66条の8で規定される面接指導に関する通達（平成18年2月24日基発第0224003号）に、選択肢のとおり示されている。

C●労働安全衛生・福利厚生　＞　2●健康管理・メンタルヘルス

5●ストレスチェックの集団分析の実施

テキスト第3章第2節

 解答

正解　エ

ポイント　ストレスチェック制度の基本知識を確認する。

解説

ア．正しい。選択肢のとおり（安衛法第66条の10、安衛則第52条の9）。

イ．正しい。選択肢のとおり（安衛法第66条の10、安衛則第52条の10第2項）。

ウ．正しい。選択肢のとおり（安衛法第66条の10、安衛則第52条の10）。

エ．誤り。実施者から直接本人に通知される（安衛法第66条の10第2項、安衛則第52条の12）。

オ．正しい。選択肢のとおり（安衛法第66条の10、安衛則第52条の21）。

●参考文献等

・「労働安全衛生法に基づくストレスチェック制度実施マニュアル」平成28年

労務管理 2級

C●労働安全衛生・福利厚生 ＞ 3●福利厚生

1●法定外福利厚生
テキスト第3章第3節

問題97 解答　　　　　　　　　　　　　　　　　　H24前

正解　ウ

ポイント　法定外福利厚生制度設計の要因を、広い観点から考える能力をみる。

解説
ア．適切。受益者である従業員の生活や家計が法定外福利厚生に対するニーズの原点であること、そのニーズに応えることが法定外福利厚生の有効性を決定する。
イ．適切。人的資源管理として重要な役割を担うことが期待されるので、企業経営（企業目標‐企業戦略‐人的資源管理‐福利厚生という一連の因果関係）における最適なあり方が常に求められる。
ウ．不適切。企業の事業特性や従業員特性に適応した個性的なシステムが望ましい。
エ．適切。法定外福利厚生は、社会保障との間に相互補完関係をもつとともに、財形制度などの公的な支援制度を活用することが期待されている。
オ．適切。企業の社会的責任（CSR）などの観点から、企業の社会的な役割として、従業員の尊重が求められる時代となっていることから、今後重視されるようになる要因の1つである。

問題98 解答　　　　　　　　　　　　　　　　　　H27後

正解　イ

ポイント　法定福利費と法定外福利費の区別の理解度を問う。

解説
ア．該当しない。法定外福利費である。
イ．該当する。法定福利費（健保法に基づく）である。法定福利費は、法律

で義務づけられている社会保障制度のうち、企業が負担すべき費用であり（厚生労働省「就労条件総合調査」）、これ以外は法定外福利費となる。介護保険は法律で義務づけられた社会保険制度であり、保険料は労使折半負担となっているので、事業主負担分は当然に法定福利費である。
ウ．該当しない。法定外福利費である。
エ．該当しない。法定外福利費である。
オ．該当しない。法定外福利費である。

　法定外福利厚生の機能を整理すると、以下のようになる。
①生活援助機能：社宅・独身寮の提供、給食、介護、育児関連、社内保険、通勤交通費支給など
②財産形成機能：ライフプラン、財形貯蓄制度、持ち株制度、持家取得援助貸付など
③老後保障機能：退職金、年金制度など
④健康維持・医療支援機能：定期健康診断、人間ドックなど
⑤遺族保障機能：遺族・遺児育英年金、弔意金、見舞金など
⑥体育・文化・レクリエーション機能：
　　　　　　　　運動会、運動施設、保養所施設、社員旅行、ボランティア活動補助など
⑦その他機能：労災上乗せ補償制度、リフレッシュ休暇、育児休業制度、永年勤続表彰など

● 参考文献等
・「標準テキスト　労務管理3級（第2版）」2017　pp.338～340

問題99 解答

正解　ウ
ポイント　カフェテリアプランの効果に対する理解度を問う。
解説
ア．適切。カフェテリアプランのメニューに、能力や知識を向上させる教育

機会があれば、従業員自身の労働市場価値を高めるチャンスとなる。
イ．適切。カフェテリアプランでは、育児支援・介護支援など社会的要請のあるいくつかのメニューを準備することにより、ライフステージが違う従業員のニーズに対応することが可能である。
ウ．不適切。カフェテリアプランは、従業員にとってはかえって幅を狭めることになるので、企業にとってマイナスにはたらくこともある。
エ．適切。メニューの利用状況を確認することにより、自社にとって必要なもの、不必要なものの判断ができ、メニュー見直しにより満足度の高い仕組みにしていくことができる。
オ．適切。総合型アウトソーシング会社を利用することにより、メニューの選択や費用の精算などを管理するシステムの利用が可能であり、メニューの利用状況のレポート提供等もある。このことから、導入・管理コストは自前方式より削減できる。

解答・解説編

C ● 労働安全衛生・福利厚生　＞3 ● 福利厚生

3 ● 福利厚生制度の種類別実施状況

テキスト第3章第3節

問題100 解答　　　　　　　　　　　　　　　　　　　　　H27前

正解　イ

ポイント　労災保険の給付等に関する基本的事項、応用事項について問う。

解説

ア．誤り。療養の費用は、近くに指定医療機関等がない場合などで、指定医療機関以外の医療機関で療養を受けた場合に支給を受けることができる（労災法第13条、同規則第11条、第11条の2）。

イ．正しい。労災法第29条。

ウ．誤り。労災法第14条。支給要件に該当する限り、期間を問わず支給される。

エ．誤り。時効は、給付に応じて「2年」か「5年」である。療養補償給付、休業補償給付、葬祭料、介護補償給付、療養給付、休業給付、葬祭給付、介護給付及び二次健康診断等給付を受ける権利は、2年。障害補償給付、遺族補償給付、障害給付及び遺族給付を受ける権利は、5年（労災法第42条）。

オ．誤り。労災保険の請求は、補償を受けるべき労働者若しくは遺族又は葬祭を行う者が行う（労災法第12条の8第2項）。労働者が被災したときに事業主がなすべきことは、①保険給付を受けるべき者が、事故のため、みずから保険給付の請求その他の手続を行うことが困難である場合には、その手続を行うことができるように助力しなければならないこと、②保険給付を受けるべき者から保険給付を受けるために必要な証明を求められたときは、すみやかに証明をしなければならないことである（労災法規則第23条）。

●編著
ビジネス・キャリア®検定試験研究会

●監修
廣石　忠司
専修大学　経営学部　教授

●監修協力
大南　弘巳
大南経営労務アドバイザリーオフィス　代表

- 本書掲載の試験問題、解答及び解説の内容についてのお問い合わせには、応じられませんのでご了承ください。
- その他についてのお問い合わせは、電話ではお受けしておりません。お問い合わせの場合は、内容、住所、氏名、電話番号、メールアドレス等を明記のうえ、郵送、FAX、メール又はWebフォームにてお送りください。
- 試験問題については、都合により一部編集しているものがあります。
- 問題文及び解説文に適用されている法律等の名称や規定は、出題時以降に改正され、それに伴い正解や解説の内容も変わる場合があります。

ビジネス・キャリア®検定試験過去問題集　解説付き
労務管理　2級 3級

初版1刷──── 平成30年7月
初版5刷──── 令和6年5月

編著──────ビジネス・キャリア®検定試験研究会
監修──────廣石　忠司
発行──────一般社団法人 雇用問題研究会

〒103-0002　東京都中央区日本橋馬喰町1-14-5　日本橋Kビル2階
TEL　03-5651-7071
FAX　03-5651-7077
URL　https://www.koyoerc.or.jp

ISBN978-4-87563-703-5

本書の内容を無断で複写、転載することは、著作権法上での例外を除き、禁じられています。また、本書を代行業者等の第三者に依頼してスキャンやデジタル化することは、著作権法上認められておりません。